La Voie Intérieure

SWAMI DURGANANDA

Deuxième édition Novembre 2014

Titre original : The Inner Path

ISBN :978-3-930716-11-1

Sri Swami Sivananda (1887 – 1963)

Sri Swami Vishnudevananda (1923 – 1993)

TABLE DES MATIÈRES

PRÉFACE 7

LA PHILOSOPHIE DU YOGA 8
La spiritualité universelle 8
Le Soi non incarné 9
Où se trouve la vraie liberté ? 11
La liberté et le mental 13
Le karma 16
L'effort personnel et l'action passée 18
Les quatre moyens de la libération 19
Jagat – le monde passager 22
Les voiles de l'ignorance 24
Mahavakyas – Les grandes déclarations 25
Atma Bodha de Sri Shankaracharya 28
Un aperçu des Upanishads 30

LE YOGA ET LE MENTAL 32
Hiranyagarbha, l'intelligence cosmique 32
Trois niveaux du mental 33
La méditation du Raja yoga 36
Choisir l'objet de la méditation 38
Introduction aux gunas 40
Les gunas et l'action 42
Les gunas et avidya 44
Les gunas et la foi 45
Les gunas au moment de la mort 45
Les gènes – Vasanas 46
Kleshas – Les affections 47
Étendre le mental 48

LA DÉVOTION 52
Bhakti 52
La pratique de la dévotion 54
Comment se lier à Dieu 56
Le kirtan 58
La Déesse 61

LA VOIE INTÉRIEURE 62
Entrer dans la voie du yoga 62
L'alimentation 63
Le détachement intérieur et la méditation 64
La pratique du yoga – l'étape suivante 65
Abhyasa 66
Tapas, l'autodiscipline 69
Élever le niveau vibratoire 71
De l'action à la méditation 73
Se connecter à la source d'énergie 76
Le bonheur 77
Le dharma 80
True World Order (Le véritable ordre du monde) 84
Apprendre le yoga à la source : la remise des diplômes du TTC 87
Swami Vishnudevananda : Guru, enseignant, exemple 93

SWAMI SIVANANDA (1887–1963) 96
Sa mission : servir l'humanité 96
La recherche d'un bonheur durable 96
Le yoga de la synthèse 96
La connaissance est le plus grand don 97
Des élèves dans le monde entier 97
Le pouvoir durable de ses pensées 97

SWAMI VISHNUDEVANANDA (1927–1993) 98
Une feuille de route pour la paix 98
La vocation globale du yoga 98
« Un gramme de pratique vaut mieux que des tonnes de théorie ». 98
Les Beatles n'étaient pas les seuls sens dessus dessous 99
Aussi libre qu'un oiseau 99
L'énergie de dix roupies 100

UNE VIE PORTÉE PAR LA LUMIÈRE DU YOGA 101
Note biographique sur Swami Durgananda 101

ASHRAMS ET CENTRES SIVANANDA
DE YOGA VEDANTA 109

PRÉFACE

« Pars en Occident, les gens attendent ». Avec ces mots, Swami Sivananda envoya Swami Vishnudevananda en Amérique du Nord et en Europe en 1957.

Swami Vishnudevananda passa trente cinq ans à apporter les enseignements classiques du yoga et du *Vedanta* jusque dans les foyers de la société occidentale. Aujourd'hui le mot « yoga » fait partie du vocabulaire courant.

Swami Durgananda appartient à la première génération de pratiquants et enseignants occidentaux qui ont consacré leur vie au yoga. Elle a rencontré Swami Vishnudevananda à San Francisco en 1973 et a rejoint l'Ashram Sivananda de Grass Valley, en Californie, comme élève et membre du personnel. Après une période initiale d'apprentissage, Swamiji a envoyé Swami Durgananda en Europe où les premiers Centres Sivananda étaient en train de voir le jour.

À l'occasion du soixante-dixième anniversaire de Swami Durgananda, nous offrons ce recueil d'extraits de ses conférences. La Voie Intérieure est une mosaïque de réflexions pratiques sur le yoga pour un style de vie sain, éthique et porteur de paix, dans l'agitation de la société actuelle.

Le 11 août 2013.

Les swamis, staff et élèves des
Centres Sivananda de Yoga Vedanta d'Europe.

LA PHILOSOPHIE DU YOGA

LA SPIRITUALITÉ UNIVERSELLE

La spiritualité universelle est un niveau élevé de spiritualité qui nous permet d'observer que le corps et le mental ne sont pas ce qui compte le plus au monde. Le yoga vise un niveau de conscience qui va au-delà d'un style de vie sain et de l'exercice physique. C'est la spiritualité cosmique, qui ne peut être limitée à aucune religion. Elle relève d'une forme plus inclusive, que les religions endosseront peut-être à l'avenir, quand il n'y aura plus de conflits basés sur l'idée que « mon Dieu est meilleur que le tien ». Petit à petit nous découvrons que cette attitude n'est plus adaptée à notre époque. Il y a encore beaucoup de gens qui ne se reconnaissent pas dans cette affirmation, mais en même temps il y a eu une croissance spectaculaire de la liberté intrareligieuse et de la conscience de la vraie spiritualité cosmique.

Le mental doit être purifié, toutefois, afin de se rapprocher de ces idéaux : pour ce faire, nous relaxons notre corps jusqu'à atteindre un état de calme parfait, et nous répétons le son d'un *mantra*. On peut s'étonner de voir tout ce que le mental est capable de faire remonter à la surface alors que nous nous efforçons de nous concentrer sur notre *mantra* : journaux, télé, formation, relations, travail, préoccupations et inquiétudes pour le futur. Nous nous sentons saturés et ne pouvons trouver aucune paix dans cet ordinateur que nous avons dans nos têtes. Nous avons donc besoin d'effacer en permanence du contenu, pour être capables d'absorber des idées et des connaissances nouvelles, et c'est ce processus d'effacement qui a lieu pendant la méditation.

Ce processus ne relève pas d'un choix conscient. Cela arrive grâce à la réalisation, *vidya*, qui s'oppose à a*vidya*, ou l'ignorance. Cette réalisation vient d'une expérience intérieure. Quand nous rentrons en contact avec quelque chose de plus grand que l'expérience habituelle du corps et du mental, il se produit un certain détachement, qui n'est pas fondé sur l'indolence, la paresse ou l'intolérance, mais sur un sentiment d'amour désintéressé. Le pratiquant devient conscient qu'il est maintenant porté par une force plus puissante.

La répétition d'un *mantra* est un outil merveilleux parce que l'on utilise des vibrations sonores qui ont le pouvoir de créer, préserver et détruire toute chose dans l'univers. Ces sons existent à l'intérieur de nous-mêmes, et nous nous connectons à la spiritualité universelle et immuable en laissant derrière nous tous les phénomènes changeants. À ce moment-là, nous transcendons la dimension de la nature et nous plongeons dans l'existence pure. Cela est notre droit de naissance et l'objectif de tout yogi ou personne spirituelle.

Une fois que nous comprenons nos propres besoins spirituels, nous comprenons que cela n'a rien à voir avec l'Orient ou l'Occident. Apprenez, pratiquez et approfondissez vos exercices de yoga. Ce seront vos amis pendant toute votre vie, même quand le corps ne sera plus capable de les pratiquer à cause de la maladie. Le destin a ses propres chemins et, du fait des tendances karmiques, tout le monde peut développer une maladie. Mais personne ne pourra nous retirer les valeurs intérieures qui nous permettent de nous harmoniser avec la réalité cosmique. Même si tout a l'air de s'effondrer autour de vous, asseyez-vous et connectez-vous avec le Soi cosmique, l'énergie immuable de la nature qui est toujours à l'intérieur de vous. Elle est juste voilée par le mauvais usage que nous faisons de nos sens au quotidien, ce qui nous éloigne de l'expérience spirituelle.

Il y a plusieurs chemins, mais une seule Réalité. Quiconque a atteint le but ne se considère pas un yogi, un chrétien, un juif, un hindou ou un musulman. C'est l'expérience de la réalité cosmique qui est vécue. Tous les sages qui ont atteint cette réalisation peuvent se prendre la main. Il n'y a aucun besoin de se battre. Ceux qui continuent de se battre pour cela n'ont pas encore atteint la pleine conscience de la réalité, et ils sont encore en train de se faire la guerre à cause de leur attachement à un nom et à une forme. Le but du travail de Swami Vishnudevananda en Occident était d'atteindre l'unité dans la diversité par la pratique du yoga.

LE SOI NON INCARNÉ

Est-ce que nous sommes conscients dans ce moment précis ? Si nous n'en sommes pas sûrs, il y a là un problème. Je parle, vous écoutez. Mais qui parle et qui écoute ? Voici la question profonde, et toujours présente, du *Vedanta*. Si nous permettons à cette question de pénétrer à l'intérieur de nous, elle sera comprise. Qui est en train d'écouter ? S'agit-il de mon oreille ? Mais qu'est-ce qu'il y a derrière mon oreille ? Mon mental ? Qu'est-ce qu'il y a derrière mon mental ? À cet instant on commence à éprouver de l'incertitude. Il y a quelque chose de non physique, la conscience, qui, encore une fois, n'est pas le mental. La partie incarnée de nous est toujours ici, maintenant. Comme Dieu, nous pourrions dire, nous existons à deux niveaux : le niveau non incarné et le niveau incarné. Mais le problème est que nous négligeons la partie de nous-mêmes qui est non incarnée. Et si nous négligeons quelque chose pour un long moment, si nous ne nous concentrons pas sur quelque chose pendant longtemps, que se passe-t-il ? Nous oublions son existence même. Imaginez s'il n'y avait pas eu de soleil pendant deux ans. Quelqu'un commencerait à dire : « Vous savez, peut-être qu'il n'y a jamais eu de soleil – il s'agissait peut-être juste d'une illusion du passé. Les gens croyaient qu'il y avait un soleil, mais cela n'a jamais existé dans la réalité ». Après vingt cinq ans sans voir le soleil, la nouvelle génération considérerait le soleil comme un mythe transmis par les parents et les grands-parents : « Il n'y a jamais eu de soleil. Nous ne l'avons jamais vu ! ».

Il en est de même pour la partie non incarnée de nous-mêmes, si nous ne lui donnons pas d'attention. Nous nous trouvons maintenant dans une position où nous doutons de son existence. Au final, nous nous serons convaincus et nous croirons avec certitude : « Je suis un être purement physique », en oubliant l'autre partie de l'équation : « Je suis aussi un être non physique ». La partie non physique est ici et maintenant et coexiste avec la partie physique. En réalité, la partie non physique soutient la partie physique, et non pas le contraire ; c'est l'élément subtil qui donne sa forme à l'élément physique.

Une partie de moi est toujours avec Dieu, avec la conscience, la source d'énergie. C'est ce qu'affirme le *Vedanta* : le siège de Dieu n'est pas ailleurs, dans un autre espace, dans un paradis ou un endroit spécial ; il se situe au-delà de mon imagination, mais il n'est pas séparé de moi. Ce concept demande beaucoup de méditation et de contemplation. Le plus souvent nous lui consacrons un peu de réflexion, quelques pensées, et nous trouvons cela fascinant. Mais très vite le mental passe à autre chose : « Qu'est-ce qu'il y a à manger ce soir ? », parce qu'en effet, pour combien de temps le mental arrive-t-il à rester concentré sur ces réflexions ? Notre mental n'est pas éduqué à se concentrer. Nous ne sommes pas formés à la réflexion profonde, la contemplation et la méditation, qui sont tellement importantes dans la vie. Nous sommes principalement formés à des activités qui relèvent du côté gauche du cerveau, par exemple les activités qui nous sont nécessaires pour gagner notre vie. Et, par conséquent, nous vivons dans une cage mentale, sans avoir appris à aller au-delà des limites, et pourtant, nous nous croyons libres.

Une partie de nous est toujours avec Dieu, jamais séparée, jamais déconnectée. Même si cela ne peut être ressenti en ce moment, rien que de l'entendre est extrêmement réconfortant. C'est une bonne nouvelle que de savoir que je ne suis jamais déconnecté de moi-même. Ce n'est pas possible d'être déconnecté de soi-même – la connexion est complète, parfaite, déjà ici.

OÙ SE TROUVE LA VRAIE LIBERTÉ ?

Qu'est-ce que la liberté ? Qu'est-ce que l'esclavage ? Tout le monde désire l'indépendance et la liberté. Tout le monde veut être compris. Personne ne veut être soumis aux désirs des autres. Au contraire, nous aimerions projeter nos propres désirs sur les autres. Nous aimerions que les autres comprennent nos souhaits et, si possible, qu'ils nous aident à les réaliser. Tout le monde voudrait être le chef et dicter aux autres ce qu'ils doivent faire. Mais est-ce cela la liberté ?

D'après Swami Sivananda – et cela est aussi écrit dans les *Upanishads* – la liberté est le droit de naissance de chacun ; c'est la nature de l'âme éternelle. Aucun pouvoir ou projet humain, disent les *Upanishads*, ne pourrait changer ou supprimer cette liberté. Toutefois, il est important de comprendre ce qu'est la vraie liberté intérieure, et ce qui nous guide vers l'esclavage. La liberté n'est pas une question de confort de vie, ou de pouvoir dire ou faire tout ce que l'on veut, ni même de pouvoir se déplacer à souhait. Une grande richesse matérielle n'apportera pas la liberté, la conquête d'autres nations non plus. Ce n'est pas de la liberté que d'abdiquer ses responsabilités.

Le yoga affirme que la vraie liberté, l'affranchissement des limitations du corps, c'est au final l'affranchissement de la naissance et de la mort. Cela est un concept très avancé. Cette idée de liberté se développe lentement à travers le détachement du corps, qui à son tour nous libère de la colère et de l'avidité. Les désirs insatisfaits mènent à la colère, et les relations interpersonnelles deviennent problématiques pour la simple raison que les individus ne se sentent pas comblés. La colère et l'avidité dépendent en large partie d'expériences vécues dans l'enfance, par exemple comme on a été traité ou on continue d'être traité. En Inde, il y a un dicton qui dit que les enfants doivent être nourris, et cela ne fait pas référence uniquement à la nourriture pour le corps. Il est aussi nécessaire de leur donner autre chose, dans la mesure où cela est possible et utile pour leur développement, de façon à ce qu'ils se sentent comblés et satisfaits : il est nécessaire de passer du temps avec eux et d'interagir avec eux. La même chose est vraie pour les relations interpersonnelles, où il faut employer de l'empathie et de l'attention dans le contact avec l'autre. Dans le domaine spirituel, l'enseignant essaye de rendre heureux les élèves qui viennent vers lui. Des maîtres tels que Swami Sivananda et Swami Vishnudevananda ainsi que d'autres voient et comprennent les besoins des élèves, ils répondent à leurs questions et sont disponibles pour eux, dans la mesure de ce qui est dans leur pouvoir.

Le contentement superficiel peut être obtenu facilement : un tour en ville, un bon repas, de nouvelles chaussures. Tout le monde sait par expérience à quel point ce type de contentement est éphémère, à quel point les choses que nous désirions si fortement nous lassent vite. Il faut savoir reconnaître cette superficialité.

À tout moment, nous avons la liberté de choisir. Au final, c'est cela qui détermine l'évolution d'une personne. Plus nous observons et analysons notre expérience, plus il devient clair que la soi-disant vie moderne, le consumérisme et le capitalisme, peuvent être simplement réduits à l'attachement pour le corps et qu'ils finiront par nous rendre esclaves. Si vous ne voulez pas que cela arrive, vous devez prendre une distance, sortir de ce schéma, temporairement ou définitivement, et trouver le chemin spirituel. Cela ne veut pas dire qu'il faut renoncer à la vie, mais cela implique de se questionner en profondeur et avec toute notre attention.

Si la pratique de la méditation nous intéresse vraiment, nous devons cultiver le discernement et une pensée logique qui mène vers des conclusions. Nous devons aussi nous fixer de nouveaux objectifs – tout petits, au départ, comme pratiquer les *asanas* et le *pranayama* au quotidien, ne pas mentir, ne pas s'abandonner à la paresse, aider les autres.

La liberté ne peut pas venir seulement de l'extérieur. On doit réaliser un travail régulier sur soi-même. C'est comme cela que l'on crée la liberté, mais ce n'est pas une voie facile. Le mental doit être continuellement discipliné et bridé. Il va se battre, et il y aura des rechutes évidentes : nous tombons dans l'excès, buvons une bière, mangeons trois parts de gâteau de suite, ou un steak. Comment gérer ces moments ? Tout d'abord, nous devons reconnaître que le mental a ses ruses quand il veut se rebeller. Ensuite, nous devons tourner vers nous-mêmes la patience et la bienveillance que nous essayons de développer vis-à-vis des autres, tout en étant attentif à rectifier l'erreur dans le futur, par exemple, par un petit geste d'ascétisme supplémentaire. Le chemin ne se déroule pas en ligne droite. Parfois on avance de deux pas, parfois on recule d'un pas. Au début, le progrès semble facile et rapide, mais il y aura des chutes, même si notre motivation est honnête et sincère.

Swami Vishnudevananda parlait souvent de deux options : le bon chemin et le chemin plaisant. Le choix du bon chemin demande de la discipline, puisqu'il est plus raide et difficultueux. Mais au final il portera ses fruits en nous menant vers *moksha*, la libération durable et pérenne.

LA LIBERTÉ ET LE MENTAL

D'un côté, le mental nous emprisonne par ses pensées et émotions, mais en même temps c'est aussi l'instrument pour atteindre la liberté. Contrairement à la psychologie traditionnelle, qui principalement se tourne vers le passé pour l'analyser, le yoga exige que nous nous efforcions d'être dans l'« ici et maintenant ». Le mental est tout à fait capable de créer des images qui souvent n'ont rien à voir avec la réalité. Par exemple, si nous entamons une relation ou un lien d'amitié en ayant dans le mental des attentes qui seront frustrées, toutes sortes de problèmes bien connus peuvent faire surface. Si le pouvoir du discernement est là (et le mental a bien cette faculté à sa disposition), l'imagination est obligée de se retirer et ne peut plus influencer la liberté. Il faut apprendre à se servir de cette capacité au besoin. C'est cela la *sadhana*.

Swami Sivananda affirme clairement que l'une des idées les plus fortes que nous avons est la conviction que l'âme a des limites et qu'elle est restreinte par le corps. Ce malentendu que l'âme est prisonnière du corps et plus en général que la vie d'une personne se définit exclusivement par le corps est une limitation de la liberté. De plus, ce malentendu est entretenu par d'autres personnes qui ont la même croyance. Tant que tout va bien, cela n'est pas vu comme un problème ou comme une source de souffrance. Seulement lorsque nous vivons des expériences négatives, comme la maladie ou la mort, ce type de question surgit : « Comment puis-je fuir cette douleur et cette souffrance ? Comment puis-je m'extraire de cette routine, de cette ignorance ? » La grande difficulté est que l'identification avec le corps éclipse tout le reste. Le fait que nous puissions transcender le corps et nous rendre indépendants de l'identification avec lui n'est pas reconnu comme une option.

Ici débute la *sadhana*, qui vise à dissoudre le concept de la limitation de l'âme. Le mental peut se détacher progressivement de cet objet, de l'idée générale d'attachement au corps, et ne plus en être l'esclave. C'est alors que ce que nous appelons liberté, *moksha*, *sama*dhi, réalisation du Soi peut arriver. La peur de la maladie et de la mort n'est plus là, nos préférences et hostilités ne sont plus là, parce que nous ne nous accrochons plus à l'objet « corps physique ». Évidemment, le fait que nous ne sommes plus attachés au corps ne veut pas dire que nous devrions arrêter d'en prendre soin et de lui donner l'attention qu'il lui faut. Mais nous devrions nous en occuper avec la conscience que le corps et le mental sont finis. Le concept de l'existence de l'infini doit toujours être rappelé au mental.

D'après Swami Sivananda le mental construit un pont entre la matière et les objets d'un côté, et de l'autre, l'âme ou le Soi. Le mental est capable de créer ce pont en présence de la pensée logique, si nous arrivons à penser jusqu'à la conclusion logique des choses sans l'influence de forts désirs, sans nous demander « que se passe-t-il si je fais ceci ou cela ? ». Si un fort désir est présent, il sera très difficile d'utiliser l'intellect de façon logique, parce que le mental sera déjà pris par l'attente que le désir soit satisfait. Les dépendances, par exemple, ont cette caractéristique. Quelqu'un qui a une dépendance n'a plus de logique – l'alcool, les drogues, certains médicaments, l'excès de nourriture, l'excès de sommeil, tout cela va obnubiler ses facultés et chasser la logique. On a beau être conscient de façon abstraite de ce qui se passe quand on mange trop, boit trop, ou prend trop de médicaments, de fait on ne réalise pas l'effet que cette activité aura sur notre vie à nous. Viveka, le pouvoir du discernement, ne s'applique plus.

Le développement du pouvoir du discernement exige de l'autodiscipline. C'est comme cela que l'on peut construire le pont, parce que tout ce qui est dans le mental n'est pas un obstacle. Le processus de la pensée est nécessaire pour comprendre la moindre chose. Mais nous devons aussi mettre en œuvre ce que nous avons compris, sinon ce sera oublié à nouveau. La souffrance, les préoccupations, le chagrin et les problèmes ont une fin, dit Swami Sivananda, qui avait atteint une liberté intérieure absolue et qui, en vertu de cela, était appelé un yogi, quelqu'un pour qui rien n'est impossible. Une telle personne peut agir librement, elle peut aller partout où elle le souhaite. Elle est libre comme l'air, elle n'est pas assujettie au temps. La paix dont jouit un tel yogi est illimitée. Sa liberté ne dépend pas de choses impermanentes comme le corps, parce que la réelle liberté n'a rien à voir avec le temps. La liberté qui est limitée par le temps est une liberté empruntée. Passer la journée à se faire plaisir, faire chauffer la carte bleue, c'est une liberté empruntée. Si elle devait être vécue régulièrement, elle deviendrait une dépendance et risquerait de nous rendre esclaves.

La vraie liberté consiste en la réalisation de l'unité dans la diversité : la réalisation que les choses ne sont pas aussi diverses qu'elles en ont l'air à première vue. La liberté consiste dans l'affranchissement de la notion de diversité. C'est difficile de faire un choix quand le choix est vaste. Décider ce qui est juste implique beaucoup d'effort et de temps. S'il y avait moins de choix, on pourrait économiser beaucoup de temps. Comprendre cela est le début de la liberté. Vous réalisez que la liberté ne réside pas dans le fait de posséder beaucoup de choses, qui, en les regardant de près, se révèlent presque identiques les unes aux autres.

Nous créons notre propre attachement, par notre vie, nos désirs, le « je » de nos pensées, l'attention pour tout ce qui a trait au corps physique, et au final par des envies et des rêves. Ceux-ci laissent presque toujours derrière eux un sentiment d'insatisfaction, parce qu'ils n'ont pas un caractère réel. Par conséquent, ils ne pourront jamais être satisfaits. Comme avec le billet d'une loterie, il y a la possibilité de gagner, mais la plupart des gens traînent avec eux leur envie pendant toute leur existence et sont esclaves de leurs rêves.

Les caractéristiques suivantes, telles que définies par Swami Sivananda, sont des signes attestant que la multiplicité s'est réduite dans le mental :

1. la personne a une énergie plus claire, plus basique ; elle est simple et pas compliquée, ce qui ne veut pas dire qu'elle est bête ou terne ;

2. le contentement ; si le contentement intérieur augmente cela signifie que la multiplicité s'est réduite, la personne est plus calme et peut être en solitude d'une façon plus positive ;

3. la patience avec d'autres personnes et situations ;

4. la persévérance : être capable d'attendre quelque chose sans agitation ;

5. la générosité : la générosité intérieure, spirituelle (ce qui ne veut pas dire offrir des dîners ou des cadeaux chers), avoir la générosité de permettre aux autres de faire des erreurs.

Le yoga offre différentes méthodes pour se libérer des attachements et de la tendance à voir la diversité : la répétition de *mantra*, l'étude des écritures, l'auto-analyse. Pour atteindre ce type de liberté, qui ne se trouve que dans le mental, une pratique continue est nécessaire.

LE KARMA

Le terme sanskrit « *karma* » signifie « cause et effet ». *Karma* désigne l'action physique et mentale à la fois dans l'incarnation présente et les incarnations passées. Ce concept ne fait pas référence qu'à l'action elle-même, mais aussi à ses résultats. C'est la loi de la causalité : là où il y a une cause, il y aura un effet. Comme la graine est la cause de l'existence de l'arbre, l'arbre est la cause de l'existence de la graine ; cela crée une chaîne universelle sans fin. Aucun phénomène ne peut éviter cette loi puissante. Rien ne peut arriver sans qu'il y ait une cause et cela est tout aussi vrai pour les guerres, les tremblements de terre, les fléaux, que pour les maladies, la fortune et le malheur. La loi de l'action et de la réaction est toujours là et la réaction est de nature et de force similaire à l'action. Mais ce n'est pas seulement l'action physique qui crée l'action ; chaque pensée, chaque désir et chaque idée a sa réaction pendante. Ce n'est pas Dieu qui décide s'il y a récompense ou punition ; c'est notre propre *karma* qui entraîne l'effet. On ne peut en rejeter la faute sur quelqu'un d'autre.

La loi de la compensation est inséparable de la loi de cause et effet : une fois que la graine a germé elle n'existe plus en tant que telle et un arbre prend forme. L'éclosion de la graine ne doit pas être considérée comme une perte. On brûle du carburant, mais on crée de la chaleur ; il n'y a pas de perte. Dans la nature la loi de la compensation préserve l'équilibre et assure la paix et l'harmonie ; elle travaille de façon parfaite dans tout phénomène naturel.

Le vrai *karma* se situe au niveau de la pensée. Si par exemple *ahimsa* (la non-violence) ou *satya* (la vérité) constituent la base mentale de la pensée, les qualités d'*ahimsa* ou de *satya* se manifesteront chez la personne qui cultive cette pensée. Au contraire, si le principal courant de pensée est *himsa*, la violence, *himsa* se manifestera. Le proverbe dit : « On récolte ce qu'on sème ». L'être humain est seul responsable. Il n'y a pas de Dieu supérieur qui donne lieu à la violence.

La cause de toute action manifeste est la pensée. Une pensée survient : « Ce serait sympa d'assister à une conférence sur le yoga ». Par conséquent, on se retrouve au centre de yoga, on s'inscrit à la réception, on se change dans les vestiaires, on prend un casque pour la traduction si besoin et on s'assoit pour la conférence. Au début il y avait la pensée, et en réaction à cela, une série d'événements s'est produite afin de réaliser la pensée.

Il existe trois types de *karma* :

Sanchita – le *karma* qui a été cumulé dans le passé et dans les incarnations précédentes, qui se manifeste dans la personnalité, les talents, les tendances.

Prarabdha – la portion du *karma* du passé et des incarnations précédentes qui est responsable de l'incarnation présente. Ce type de *karma* est vécu et élaboré : les « dettes » du passé sont remboursées. Le *prarabdha karma* est déterminé par les pensées prédominantes au cours d'une vie et notamment au moment de la transition, de la mort. Si, par exemple, la richesse, la carrière et ce genre de choses étaient les centres d'intérêt principaux, on devra probablement avoir une carrière et poursuivre la richesse. Cela n'est ni positif ni négatif. C'est comme ça. Et ça ne changera pas. Un talent particulier sera présent, les tendances seront là, le caractère aussi. Les circonstances particulières qui se retrouveront dans

cette incarnation – famille, lieu de naissance, classe sociale, etc. – sont in-
fluencées par ce type de *karma*. De plus, certains problèmes et difficultés
que l'on rencontre dans la vie sont dus au *prarabdha karma* sous la forme
de problèmes non résolus des vies précédentes.

L'*agami karma* est créé dans l'incarnation présente. Alors que le
prarabdha karma ne peut être modifié d'aucune façon puisque c'est la
condition préalable à nos expériences, l'*agami karma* est entre nos mains
puisqu'il est déterminé par la façon dont nous réagissons aux faits que
nous présente le *prarabdha karma*.

L'EFFORT PERSONNEL ET L'ACTION PASSÉE

Purushartha et *prarabdha* sont deux termes qui indiquent les lois
cosmiques. *Purushartha* désigne l'effort de l'individu, conformément au
dharma, l'ordre universel, et à son propre devoir. *Prarabdha* est la partie
du *karma* responsable de l'incarnation présente. Le *prarabdha* ne peut
être changé, alors que le *purushartha* détermine le futur et constitue la
base de l'*agami karma*.

La pratique du yoga est *purushartha*, un effort pour compenser un
prarabdha défavorable. Le *prarabdha* est, certes, puissant, mais le yoga
est encore plus puissant. Le *prarabdha* est le résultat engendré par le passé, mais le futur est dans nos mains : le destin peut être modifié puisque
nous avons la liberté d'agir. Pour cela nous avons besoin de discernement,
sérénité, perspicacité, enthousiasme et d'un mental courageux – un mental exempt de timidité et prêt à faire et à assumer ses erreurs. Avec ce
type de perspective, on ne peut pas raisonner en termes de réussite ou
d'échec. Ce type de perspective peut vraiment accomplir des merveilles.
Par exemple, l'influence de planètes négatives peut être détournée par
une forte force de volonté, et il est possible de transformer la nature, les
éléments, les forces obscures et les influences adverses.

Le *karma* est notre propre création, c'est pourquoi il peut être
anéanti à travers la pensée et l'action correctes. Le *tapas*, l'austérité, la
concentration, *sattva* (la pureté) et la méditation sont propices à des
pensées puissantes, qui rendent possible le *purushartha*. L'être humain
est doté de libre arbitre et décide à chaque instant comment réagir au
prarabdha karma. Notre volonté est affaiblie par les pensées égoïstes.

Nous créons nous-mêmes nos émotions mélancoliques, notre tristesse et notre misère.

Nous ne sommes pas les victimes de notre environnement et des circonstances extérieures. Bien au contraire, nous sommes l'architecte de notre propre fortune ; nous avons été dotés de la possibilité de *purushartha*, l'effort personnel. Le « caractère » d'une personne est forgé par le degré de respect des *yamas* et *niyamas*, et c'est le caractère qui détermine notre destin.

La loi du *karma* est inexorable, mais il y a toujours la place pour l'effort individuel ou *purushartha*, qui implique ce que nous pourrions appeler « la grâce divine ». Nos efforts d'aujourd'hui constituent notre destin de demain. On pourrait même dire que le *purushartha* et le destin sont la même chose. Le présent devient le passé, le futur devient le présent, mais en réalité seul le *purushartha*, l'effort personnel, compte. On peut enterrer le passé. Quand le divin s'exprime à travers l'être humain, c'est le *purushartha*, l'effort personnel, que l'on voit, et on appelle ça « la grâce ».

LES QUATRE MOYENS DE LA LIBÉRATION

Les *Upanishads* affirment : « Celui qui est doté des quatre moyens peut atteindre la libération ». Pour comprendre intuitivement les *Upanishads*, texte de la connaissance, jnana, nous devons cultiver ces quatre moyens. Il s'agit de *viveka*, le discernement ; *vairagya*, le détachement ; *shatsampat*, le trésor des six vertus, qui désignent principalement la maîtrise de soi ; et en dernier *mumukshutva*, le désir ardent de la libération. On s'aperçoit que les *Upanishads* ne sont pas un ouvrage pour les débutants. Swami Sivananda disait que l'étude de ce type de sagesse « baratte » le mental, l'agite vigoureusement, et que notre mental subit une purification complète dans toutes ses *koshas*, couches. Un tel type d'étude est souhaitable pour ceux qui sont préparés, qui ont les qualifications nécessaires, à savoir, les quatre moyens de la libération – *viveka*, *vairagya*, *shatsampat* et *mumukshutva*.

Le premier élément de *shatsampat* est *sama*, la quiétude. Elle n'est pas facile à obtenir et elle est incompatible avec l'abandon aux *indriyas*, les sens. Elle exige de la distance par rapport aux objets des sens, à l'extérieur. Le contrôle des indriyas n'est parfait qu'avec *viveka* et *vairagya*, puisque nous devons évaluer en permanence : « Est-ce que j'emprunte cette direction ou pas ? Est-ce que je vais manger cette glace ou pas ? Est-ce que j'en ai besoin ? Est-ce que j'achète tel objet ou pas ? Est-ce que j'en ai besoin ? Quel effet ça va me faire ? » et ainsi de suite. *Sama* amène aussi la conscience que les sens nous tirent tout le temps vers l'extérieur et que nous devons faire bon usage de notre mental, notre éducation, notre pratique, notre yoga, afin de réduire voire d'interrompre le contact avec les sens à l'extérieur.

Lorsque Swami Vishnudevananda arriva au Québec, il obtint des terrains au nord de Montréal, où nous avons aujourd'hui le siège de l'organisation. Le foncier n'était pas cher à l'époque, et cela nous permit d'avoir un grand *ashram*, avec une propriété très étendue dans les Laurentides. Un jour Swamiji nous dit : « Nous allons créer *sama* ». À cette époque-là, la plupart d'entre nous ne savaient rien de *shatsampat* et *sama* ; pour nous il s'agissait tout simplement d'une communauté qu'il avait envie de créer : les gens achètent une parcelle, construisent une maison, s'installent. Aujourd'hui il y a environ dix à quinze maisons. Les maisons sont équipées d'électricité et d'eau courante et les personnes proches de l'organisation qui souhaitent vivre près de l'*ashram* peuvent emménager là-bas. Quand on vit là-bas, on peut juste marcher quelques pas jusqu'à l'*ashram*, manger, prier, aller au temple et puis rentrer à la maison. Pour les autorités, il s'agit de l'Association des Membres de l'Ashram Sivananda. Swamiji l'appelait *Sama*, la quiétude (au fait, il y a encore des parcelles disponibles).

Le deuxième élément de *shatsampat* est dama. Dama signifie maîtrise des indriyas, les sens, qui devraient devenir nos serviteurs dans le sens où ils doivent être disponibles quand nous en avons besoin, et se tenir à l'écart quand nous n'en avons pas besoin. Dama signifie aussi profiter de la paix du mental, parce que la paix du mental est le résultat que l'on obtient immédiatement dès que l'on interdit aux sens de se tourner constamment vers l'extérieur, ce qu'ils font d'habitude. Par exemple, les panneaux publicitaires ne montrent pas vraiment un produit : ils montrent une sensation pour le produit, une odeur, un regard, etc. La publicité fait usage de *maya*, l'illusion. Elle nous tire vers l'extérieur, elle nous attrape par les indriyas, et nous fait dire : « J'ai besoin de ceci maintenant ! J'ai besoin de cette voiture, parce qu'elle me fera apparaître à la mode ». Nous ne sommes pas conscients du fait que le monde joue avec nos indriyas, à moins que nous n'allions dans *sama* et *dama*. Les sens sont fortement ancrés dans chaque individu, et il n'est pas très facile de s'en détacher, mais il faut continuer à y travailler.

Le troisième élément de *shatsampat* est *uparati*, qui signifie le retrait complet des plaisirs sensuels. Cela présuppose la compréhension que les plaisirs sensuels sont faux, et pour cela, notre discernement doit se renforcer, *viveka* et *vairagya* doivent devenir plus forts. Cet état de compréhension est proche de celui du renoncement. Tout cela ne se passe pas rapidement. C'est un processus d'évolution long, lent, profond, qui implique également de renoncer aux fruits des actions. *Uparati* veut dire éloigner le mental des plaisirs sensuels, cela veut dire que l'on est tout le temps dans le renoncement, que l'on soit officiellement un moine ou sannyasin, swami, ou pas, parce que l'on a réalisé que le plaisir sensuel est faux.

Le quatrième élément est nommé *titiksha*, le pouvoir de la persévérance. Ce n'est pas facile de développer la persévérance, parce que les paires d'opposés sont toujours à l'œuvre : il y a la lumière et il y a l'obscurité, il y a la chaleur et le froid, la souffrance et la joie. La vie est comme ça. Il n'est pas possible de ne prendre que le plaisir dans la vie ; c'est bête de penser que cela est possible.

Certaines personnes pratiquent le yoga parce que celui-ci est vendu comme un moyen pour avoir une bonne santé et trouver du bien-être : « Pratiquez le yoga et vous serez toujours en bonne santé » ou « Pratiquez le yoga et tous vos problèmes vont disparaître ». En fait, j'ai envie de dire, les problèmes se présentent quand vous commencez à pratiquer le yoga, parce que ce n'est pas facile de trouver la force de persévérer : *yama, niyama, asana, pranayama*, ce *Veda*-ci, ce *Veda*-là, *Raja yoga, Bhakti yoga, Jnana yoga, Karma yoga*. Vous avez écouté le Bhagavatam plusieurs fois, vous avez lu la *Bhagavad Gita* du début à la fin, et puis vous vous dites : « Qu'y a-t-il de nouveau, j'ai déjà tout entendu ! ». Comme ça les gens quittent, ils disent : « Le yoga est ennuyeux, il me faut du nouveau ». C'est à ce moment-là qu'il nous faut la persévérance, parce que nous devons atteindre une compréhension intuitive des enseignements et cela est très difficile. Je parle par expérience. Pendant vingt ans, les conférences de Swami Vishnudevananda étaient toujours à peu près les mêmes ; maintenant je les apprécie tellement, mais à l'époque, je pensais : « Il n'y a rien de nouveau, tout a déjà été dit ». Le mental s'éteint quand l'enseignement commence à devenir difficile, répétitif, quand il faut commencer à travailler pour de vrai. Ainsi, patiemment, l'aspirant accepte les paires d'opposés, il ne se plaint pas, il sait qu'il s'agit d'une loi naturelle : il y a la lumière et il y a l'obscurité, la pluie et le soleil, la maladie et la santé. Les sages ne se plaignent jamais. Ils savent. Ils avancent avec patience et persévérance. La persévérance n'est pas facile, mais elle est nécessaire.

Le cinquième élément est *sraddha*, la foi intense. Swamiji nous a appris à ne jamais cultiver une foi aveugle. Juste croire dans une religion ou dans les traditions religieuses, les conventions sociales, ne peut amener la vraie foi et n'aide pas dans le progrès spirituel. Mais si nous avons foi dans les écritures, ou en quelqu'un, notre guru ou enseignant, cela deviendra notre propre expérience intérieure, une foi réelle fondée sur le raisonnement correct et l'expérience directe, et comme ça notre foi pourra croître et sera durable.

Le sixième élément est *samadhana*, l'équilibre du mental que l'on atteint par l'attention, la vraie concentration. Cela ne signifie pas que vous n'avez pas de doute ou que les sens ne se tournent pas vers l'extérieur ; mais vous maîtrisez cela, vous savez que cela est en train de se passer. Quand vous vous préparez pour la compréhension de *Brahman* et *Atman*, ou le Soi, et si vous avez atteint *samadhana*, votre mental est équilibré à travers l'attention, la connaissance. Vous savez que « le Soi attend derrière chaque coin de rue ». Toutes les différentes pratiques du yoga sont à l'œuvre. Le mental se maîtrise lui-même, parce qu'il a installé un filtre pour les spams, pour ainsi dire. Dans l'état de *samadhana* tous les indriyas qui nous tirent vers l'extérieur finissent dans la corbeille du spam. Ils n'atteignent pas l'*Atman*. La paix suprême qui en résulte est un état merveilleux à vivre.

Donc, les quatre moyens sont : *viveka*, *vairagya*, *shatsampat* et *mumukshutva*, un désir ardent pour la libération.

JAGAT – LE MONDE PASSAGER

Jagat, ce monde passager, apparaît comme réel tant que l'Éternel n'est pas reconnu comme la seule réalité, à côté de laquelle il n'y en a a aucune autre. *Jagat* semble réel comme le reflet argenté de la nacre peut passer pour du vrai argent.

Jagat est un concept très important dans le *Vedanta*. Ce n'est pas seulement le monde extérieur tel qu'il est perçu, mais aussi la totalité de notre expérience, dans les différents états : l'état de veille, de rêve et de sommeil profond. L'expérience de *jagat* se fait à travers différents filtres et voiles, les *upadhis*, qui peuvent être physiques, mentaux ou intellectuels, et qui semblent exister dans la réalité comme sat, ce qui est infini et immuable. On dit, « il fait beau », mais on sait aussi que cela changera et qu'il fera froid à nouveau. Cela montre que cette « réalité » est finie, et donc qu'elle n'est pas sat.

Jagat passe pour la réalité. Ce qui est perçu semble réel. Toute l'expérience des objets que nous avons par les sens, avec lesquels nous ne cessons de nous identifier, passe pour la réalité. C'est ça la vie que nous vivons. Nous sommes en permanence défiés par les cinq sens, les émotions, le mental, les idéologies, le caractère, l'intellect, l'expérience globale des corps physique, astral et causal. *Jagat* est l'expérience globale des corps physique, causal et astral, telle que définie dans Le Grand Livre du Yoga de Swami Vishnudevananda. *Jagat* est ce qui apparaît sous la forme de la réalité, sat. Il apparaît réel jusqu'à ce que *Brahman* soit reconnu comme l'Existence universelle ; après, il perd sa réalité.

Ce concept est décrit dans l'analogie védantique de la pierre et du chien : en voyant le chien de loin, sans savoir qu'il est en pierre, vous avez peur. Vous vous en approchez prudemment et vous réalisez alors que c'est une statue en pierre. Votre peur disparaît, le chien disparaît, mais la pierre reste. C'est la même chose avec *jagat* : tant que vous le percevez comme la réalité, et que vous vous identifiez avec le monde des objets, avec la matière, vous verrez uniquement la matière, et non pas *Brahman*. Donc le voile doit être levé et pour cela, il faut continuellement se demander : « qu'est-ce qui est réel, qu'est-ce qui n'est pas réel ? ». *Jagat* semble réel tout comme le chien de pierre semble réel, ou comme la corde semble un serpent tant que nous ne savons pas que c'est une corde. Comme le rêve qui semble réel tant que nous rêvons : c'est seulement au réveil que nous pouvons voir clairement que le rêve est irréel, une illusion.

LES VOILES DE L'IGNORANCE

Swami Sivananda disait souvent qu'il ne suffit pas d'être juste une bonne personne. Cette affirmation était presque une provocation pour beaucoup de gens, vu qu'il est déjà assez difficile d'être une bonne personne ! Cela ne suffit pas de dépasser avidya, mais c'est une condition préalable. L'action seule ne peut dépasser avidya, non plus. Il faut examiner la façon dont l'action est effectuée, et l'on peut trouver des enseignements dans des écritures telles que la Bhagavad Gita, le Ramayana, le Srimad Bhagavatam. Une action peut être accomplie sans intérêt personnel, avec amour, ou avec l'attente que nous recevrons quelque chose en retour, matérielle ou immatérielle. Faire du bien n'est pas suffisant en soi pour lever le voile de l'ignorance qui entoure l'atman.

Toutefois, dès que le voile de l'ignorance est levé, vairagya, viveka, tapas, la générosité et aussi l'action apparaissent sous un jour différent. Tout comme le soleil se cache parfois derrière les nuages, mais de fait brille tout le temps avec la même force, de même de l'atman émane toujours une lumière vive alors que les couches des upadhis souvent le font apparaître sombre. Dès que le voile est levé grâce à tapas, vairagya, viveka, etc., l'atman brille à nouveau. Il est possible de le reconnaître et d'atteindre ainsi la libération. Une fois que la réalisation du Soi est atteinte, la personne n'est plus affectée par les changements continuels que la vie lui impose, elle ne ressent plus de chagrin, elle n'est pas ambitieuse, et continue pourtant à agir, sans changement, comme avant. L'action dans l'inaction est le but – agir sans attachement, avec connaissance et sagesse, et par amour pour l'action en elle-même plutôt que par désir de recevoir quelque chose en échange ou de devenir célèbre. Agir simplement parce que telle chose doit être faite, et agir par amour. Ceci est le vrai sens du Bhakti yoga et bien sûr c'est aussi une part du Jnana yoga ou Vedanta. Rien ne se passe sans amour. Amour signifie don, générosité, patience et action fondée sur la connaissance.

Le soleil brille sans qu'on ait à le lui demander ; il brille tout le temps, même quand il est caché par les nuages. De la même façon, le vrai Soi – l'âme, atman – brille. Il est caché par les upadhis, qui peuvent être très subtils. L'identification avec les koshas, avec les trois corps, est avidya, ignorance ou manque de connaissance.

Le Soi est infini et ne relève donc pas de la pluralité. Il n'y a aucune différenciation. C'est pourquoi le mental, *manas*, qui est fini, ne peut le saisir. Un écrit comme l'*Atma Bodha* affirme : « La connaissance du Soi ne peut être atteinte que par l'expérience directe ». Le détachement du monde des objets est un prérequis, tout comme la pratique de *vairagya*. C'est ainsi que les voiles, *upadhis*, disparaîtront comme les nuages et que le soleil, le Soi, deviendra visible. Cela est la réalisation de Soi.

MAHAVAKYAS – LES GRANDES DÉCLARATIONS

Prajnanam Brahma – La conscience est *Brahman*
(*Aitareya Upanishad* 3.3, *Rig Veda*)

Ayam Atma Brahma – Ce Soi (*atman*) est *Brahman*
(*Mandukya Upanishad* 1.2, *Atharva Veda*)

Tat Tvami Asi – Tu es cela
(*Chandogya Upanishad* 6.8.7, *Sama Veda*)

Aham Brahmasmi – Je suis *Brahman*
(*Brihadaranyaka Upanishad* 1.4.10, *Yajur Veda*)

Voici les *Mahavakyas*, les « Grandes affirmations » des *Upanishads*. Il faut une certaine préparation rien que pour avoir un premier aperçu de leur signification profonde. À travers le contact avec d'autres pratiquants, en lisant les récits des expériences des autres, ou en les écoutant, nous avons la confirmation que nous sommes sur le bon chemin, et nous nous rendons compte que d'une façon ou d'une autre, tout le monde rencontre les mêmes difficultés. C'est alors que la méditation sur *vidya*, la sagesse, peut commencer. Les pensées sont encore là, mais il s'agit des pensées les plus positives, les *Mahavakyas*. Le mental a été purifié et désormais non seulement il se focalise sur un objet plus élevé, mais il est aussi dirigé vers *vidya*, la sagesse universelle.

Tat Tvam Asi signifie « Tu es cela », l'essence de l'essence, *atman*, la seule réalité. C'est un concept très élevé. On peut le qualifier d'avancé, parce qu'un travail préparatoire est nécessaire : études théoriques, *asana*, *pranayama*, alimentation végétarienne, service désintéressé, dévotion pour l'énergie divine. Tout cela est une préparation pour l'étude des *Upanishads*, de telle sorte que l'idée que « tout est un » devient acceptable, et qu'au final, l'identification avec ce concept sera possible.

La philosophie védantique, non dualiste, affirme : « Tu es l'essence la plus profonde, et l'essence de toutes les essences est *atman* ». La philosophie explique *Brahman*, et celui qui peut accepter cette philosophie et qui a appris à réfléchir sur ces concepts pourra faire de merveilleuses expériences de méditation. Il n'aura plus raison de s'énerver, d'avoir peur ou d'être jaloux, parce qu'il n'y a rien qui ne soit pas unité. C'est comme un baume pour le mental. Le vrai amour devient possible, puisqu'il ne peut y avoir compétition là où seule l'unité existe, l'unité vraiment mise en pratique. Celui qui pratique régulièrement ce type de méditation purifie le mental et acquiert une nouvelle vision de la vie de tous les jours, par la compréhension qu'il n'est pas au centre du monde, mais que tout est un, que tout constitue l'univers.

D'après Swami Sivananda, la phrase *Tat Tvam Asi* est l'affirmation la plus élevée. C'est une formule très courte, une graine à partir de laquelle toute la connaissance ou *vidya* peut se développer et la conscience peut évoluer. Cette phrase très simple exprime parfaitement le chemin et la vérité. Elle nous réconforte et nous donne un incroyable pouvoir spirituel, parce qu'il devient évident que l'existence ne s'arrête pas au corps, qu'il y a quelque chose au-delà, et qu'en réalité rien ne disparaît vraiment : tout est simplement engagé dans un processus de transformation.

Tat Tvam Asi est une affirmation dure et directe. La sagesse, *vidya*, peut être dure ; quand la vérité n'est pas couverte par les émotions, c'est parfois difficile de l'accepter. Swami Vishnudevananda, par exemple, disait souvent : « Vous savez, nous tous, nous mangeons nos ancêtres » et puis il expliquait : « Je mange une tomate, quand je meurs et que je suis enterré les cinq éléments de mon corps physique retourneront à la terre. Sur ma tombe poussera une plante de tomate qui se nourrira de la terre que sera devenu mon corps physique. La plante est en train de se nourrir de ce que j'avais mangé avant ».

Tat Tvam Asi mène à la réflexion et ce type de réflexion développe la conscience. Cependant, l'explication et l'enseignement d'un maître ou guru sont toujours essentiels. Dans notre tradition nous faisons référence aux écritures de Swami Sivananda, dont la sagesse a été merveilleusement traduite dans une méthode facile à mettre en pratique par Swami

Vishnudevananda. Le Satsang (qui signifie « être en compagnie de la Vérité ») aide, parce que le fait d'écouter souvent ces enseignements et de les contempler guide la force spirituelle intérieure pour soutenir le poids du quotidien.

L'étude de la sagesse des *Upanishads*, qui est réduite à son essence dans les *Mahavakyas*, nous invite à réfléchir sur ce qui est réel et ce qui ne l'est pas, ce qui change et ce qui est éternel. On finit par comprendre que ce qui reste au final est ce Néant que nous pouvons appeler *atman* ou *Brahman*, le Soi, l'âme.

Les choses qui semblent être tellement réelles mutent et disparaissent et notre réaction à cela est la souffrance. Le but de la méditation est de soulager cette souffrance, en comprenant que rien ne dure excepté *sat*, l'absolu, le substrat de l'univers, et que nous ne sommes rien d'autre que Cela.

Swami Vishnudevananda a donné un exemple très saisissant pour expliquer cette vérité : dans le cas d'une greffe multiple, du cœur, des reins, des bras, des jambes, même du visage, est-ce que la personne en question est devenue quelqu'un d'autre ? Le concept de « Je » n'a pas changé, puisque le corps est juste la maison ou le véhicule dans lequel ou avec lequel nous faisons des expériences telles que parler, marcher, manger, sentir, etc. : ces expériences sont toutes nécessaires, comme la voiture est nécessaire pour se déplacer plus vite, et l'avion pour se déplacer encore plus vite, et une fusée encore plus. Mais à un certain moment le mental atteint ses limites. Les *Mahavakyas* affirment que nous ne sommes pas ce que nous pensons être, mais bien au-delà de ça. Nous devons arrêter cette forme limitée de pensée. En contemplant les *Mahavakyas* le méditant parvient progressivement à la conclusion que tout est vraiment « Un », qu'il n'y a rien d'autre que l'existence absolue.

Une fois que cette vérité a été réalisée, comment pourrait-on faire du mal à quelqu'un ou quelque chose ? Ce serait comme se faire du mal soi-même. La méditation sur les *Mahavakyas* nous guide en dehors de la pensée habituelle du moi et du mien. Elle nous permet de reconnaître que le fait d'appeler quelqu'un Monsieur ou Madame Untel est juste une convention et c'est là que l'identification avec l'*atman* peut prendre le relais : Aham *Brahma*smi, « Je suis *Brahman* ».

Mais nous ne devons jamais oublier que l'approche intellectuelle ou philosophique n'est pas suffisante ; il ne faut jamais négliger la pratique concomitante de techniques qui ont fait leurs preuves et qui préparent le mental. Il faut modifier ses habitudes, revoir ses comportements et maîtriser ses émotions pour que l'étude et la méditation sur les *Mahavakyas* apportent leurs fruits. Les techniques du Hatha yoga et du *Karma yoga* ou service désintéressé préparent le terrain. Le mental finit par élargir ses horizons et comprendre qu'il n'est pas ce qu'il pensait être et il éclate comme une noix de coco. Ce n'est pas facile, et une noix de coco n'est pas facile à ouvrir, mais c'est possible.

ATMA BODHA DE SRI SHANKARACHARYA

L'*Atma Bodha* de Sri *Shankaracharya* est l'une des écritures les plus sophistiquées du *Vedanta*. Son seul sujet, traité depuis toutes les perspectives possibles, est la réalisation du Soi. Atma signifie « le Soi », Bodha est « réalisation », une réalisation due à la sagesse et non pas aux actions. *Shankaracharya* a composé cette écriture en soixante huit vers. « Composer » est le bon terme à utiliser ici, parce qu'il s'agit vraiment d'une mélodie créée en Sanskrit, qui inspire et élève l'esprit, même si nous en écoutons les sons sans comprendre sa signification. L'*Atma Bodha* est considéré comme l'écrit le plus mélodieux de *Shankaracharya*.

Shankaracharya était un extraordinaire védantiste et il a dédié sa composition à la Mère divine. En cela il n'y a aucune contradiction. *Shankaracharya* pratiquait le *bhakti*, des rituels, des *pujas* et des cérémonies dévotionnelles, parce que, même pour un praticien du *Vedanta*, il faut s'occuper du cœur. Il n'y a aucun conflit entre les différents chemins du yoga. Chacun peut décider quel chemin lui correspond le mieux, mais l'étude du *Vedanta* est toujours la base nécessaire au progrès ; même le bhakta le plus aguerri doit avoir compris que Dieu est partout, pas que dans les statues du temple.

Les racines de tous les quatre chemins du yoga (*Bhakti*, Raja, *Karma* et *Jnana*) se trouvent dans les *Vedas*. Dans le *Jnana yoga*, la réalisation du Soi est le seul sujet : tout est un, tout est *Brahman*. Une telle affirmation pourrait nous encourager à nous abandonner à la paresse en disant : « Ok, si tout est *Brahman*, je ne peux rien faire de toute façon ». Une telle façon de penser serait une erreur triste, parce que c'est par le non-soi que nous pouvons approcher le Soi. L'*Atma Bodha* affirme clairement qu'il ne s'agit pas d'atteindre une nouvelle réalisation mais plutôt de se re-réaliser. Dans l'*Atma Bodha*, *Shankaracharya* décrit le vrai objectif de la vie et explique les méthodes et les techniques pour l'atteindre. Ces techniques sont ici purement mentales et spirituelles, alors que dans d'autres chemins on se sert d'objets de dévotion, de l'action et de la réflexion. Le jnana yoga consiste exclusivement en l'effort mental ; il n'y a pas d'objets matériels.

Dans la philosophie du *Vedanta*, la clé dorée pour la réalisation du Soi se trouve dans l'étude des shastras ou écritures des *Vedas* ou *Upanishads*. Ces écritures, telles que l'*Atma Bodha*, le *Viveka Chudamani*, le *Panchadasi* ou le *Tattva Bodha*, sont connues sous le nom de *prakarana* et ne contiennent que l'essence ultime des *Vedas*, à savoir, la différence entre *maya* et non-*maya*.

Toutefois, il y a certains pré-requis pour que l'aspirant puisse tirer le maximum de bienfaits de l'étude d'écritures comme l'*Atma Bodha*. Il s'agit de :
- *Viveka* : le discernement entre le réel et l'irréel ;
- *Vairagya* : le détachement, par exemple vis-à-vis d'émotions qui surgissent et changent en continuation ;
- *Shatsampat* : des vertus telles que la gentillesse, la pureté, la sérénité, la foi, la maîtrise de soi ;
- *Mumukshutva* : le désir intact pour la libération.

Il est permis de cultiver ce désir, qui de fait n'est pas un vrai « désir ». Swami Sivananda insistait : « On ne peut désirer quelque chose que l'on est déjà ». Mais le désir de parcourir le chemin doit être là. Il doit y avoir un but clairement défini. Il doit y avoir le désir constant de redécouvrir l'*atman*. Tous ceux qui empruntent le chemin spirituel n'ont pas ce désir. Les choses « intéressantes » distraient le mental et l'éloignent de cet objectif.

L'étude d'écritures comme l'*Atma Bodha* aide à garder ce désir vivant.

UN APERÇU DES UPANISHADS

Les *Upanishads* sont un recueil des textes philosophiques du *Vedanta*, « la connaissance ultime ». Une fois que nous avons atteint la compréhension, nous sommes dans *vidya*, la connaissance. On n'entend pas ici la connaissance des voitures, de l'or, de la bourse, etc., mais la connaissance de ce qui est réel et ce qui ne l'est pas, dans un sens philosophique et universel. Les *Upanishads* étaient transmises par la tradition orale, il y a donc plusieurs commentaires et explications à leur égard. Plusieurs philosophes occidentaux tenaient en grande estime les *Upanishads*, par exemple Platon, Kant, ou Schopenhauer, dont il est dit qu'il avait toujours les *Upanishads* sur son bureau.

Les deux mots les plus importants dans les *Upanishads* sont *Brahman* et *atman*, puisque les *Upanishads* traitent de la Vérité, qui relève de *Brahman*, qui relève de l'*atman*. Pour l'intellect moyen ces écritures semblent répétitives ; elles traitent toujours des mêmes thèmes : *Brahman*, *atman*, la vérité, *vidya*, *vairagya*, *viveka*. Il nous faut un certain niveau d'expansion de la conscience afin d'étudier ces textes et pour que le message des *Upanishads* soit compris intuitivement.

Donc, *Brahman* est l'esprit universel, la vérité universelle, et *atman* est le Soi individuel, en nous. *Brahman* est infini et il est la somme totale de tout, et l'*atman* est l'esprit immortel et parfait en nous. *Atman* et *Brahman* sont un. C'est l'Essence. Swami Sivananda dit : « Il n'y a aucun autre ouvrage aussi remuant et inspirant que les *Upanishads*. Elles contiennent l'essence de tous les *Vedas* et elles contiennent l'expérience directe ou révélation des visionnaires, yogis, sages et rishis. Elles sont le produit de la sagesse la plus élevée ».

Les *Upanishads* sont la partie des *Vedas* sur la connaissance. Il y a quatre *Vedas* – *Rig Veda*, *Yajur Veda*, *Sama Veda* et *Atharva Veda* – et ils sont la source de la connaissance du *Vedanta*. Swami Vishnudevananda, lorsqu'on lui demandait si nous devrions étudier les *Vedas*, disait : « Vous n'avez pas de temps pour cela ; on aurait besoin d'une vie entière pour étudier les *Vedas*, donc concentrez-vous sur l'essence, concentrez-vous sur les *Upanishads* ».

Le mot *Veda* vient de vid, « connaître », il signifie donc « Livre de la connaissance ». Il est dit aussi que les *Vedas* n'ont pas été écrits par quelqu'un, qu'ils sont l'expression directe de Dieu ou *Brahman*. Les rishis, visionnaires, êtres qui avaient transcendé leur nature inférieure, recevaient cette connaissance intuitive par la bouche de Dieu. On ne peut indiquer aucune date ; parfois il est même dit que les *Vedas* existaient avant la création. Cela veut dire qu'ils ne sont pas un produit humain ; ils se situent au-delà. Les *Vedas* traitent de la philosophie du *Vedanta*, l'ancienne sagesse, et de *Jnana*, la connaissance de la compréhension universelle : « Qui suis-je et d'où viens-je ? » et « Je suis un avec le tout ». Swami Sivananda affirme que si vous possédez la connaissance des *Upanishads*, votre ignorance, a*vidya*, sera détruite, puisqu'il s'agit d'une ignorance qui n'est pas liée aux sujets mondains, mais c'est la méconnaissance de qui nous sommes réellement, d'où nous venons.

L'enseignement principal répété dans toutes les *Upanishads* est : « L'émancipation finale peut être atteinte seulement grâce à la connaissance de la réalité ultime », *Brahma Jnana*, la connaissance de *Brahman*. C'est cela l'essence de toutes les *Upanishads*.

LE YOGA ET LE MENTAL

HIRANYAGARBHA, L'INTELLIGENCE COSMIQUE

La fonction de la conscience que l'on appelle intuition, qui n'a plus rien à voir avec le processus de la pensée, nous guide vers un plan de sagesse ou d'intelligence cosmique nommé *Hiranyagarbha*. Tout ce qui peut être appris existe déjà dans le cosmos sous la forme d'énergie. Cela inclut chaque pensée qui n'a jamais été pensée, même les inventions.

Celui qui réussit à s'extirper de sa propre « boue » et à réduire la vitesse de la pensée intellectuelle atteindra la conscience cosmique, l'intuition, et pourra poser des questions, en recevant les réponses par l'intelligence cosmique. C'est l'intelligence cosmique qui rend la naissance possible, qui fait éclore et fleurir les bourgeons, qui régit le fonctionnement de la nature dans sa régularité, sa beauté et sa sagesse. Nous sommes part de cette intelligence cosmique.

Si l'on pense au fonctionnement d'un corps sain, cela peut se révéler d'une beauté à couper le souffle. C'est l'intelligence cosmique. La fertilisation réciproque qui crée un nouvel être est d'une beauté éblouissante. Les yeux brillants d'une âme pure, l'odeur du corps sans parfum (si c'est un corps nourri correctement), les mouvements du corps : ceux-ci sont des exemples de l'intelligence cosmique présente dans tout l'univers et donc aussi chez l'individu. Voici un exemple de comment l'univers extérieur et l'univers intérieur au final ne font qu'un. Nous avons été créés et nous sommes part de l'intelligence cosmique, *Hiranyagarbha*, qui coule à travers le cosmos.

Comment peut-on avoir accès à cette intelligence cosmique ? Comment devient-on sage ? Quelle est la signification du mot sagesse ? La réponse à ces questions peut être trouvée dans le yoga, dans le lien, la connexion, l'union entre ce que nous croyons être et ce que nous sommes réellement. Cela est le yoga, le pont du yoga.

Ce résultat peut être atteint en tournant le mental subconscient vers la positivité, en focalisant les pensées, en décidant ce que l'on veut penser et comment, plutôt qu'en laissant les habitudes déterminer nos pensées. C'est à ce moment-là que nous comprenons que « Je suis le conducteur de ce véhicule, je ne suis pas le véhicule » et par conséquent nous nous posons la question : « Qui suis-je ? ».

C'est ici que l'intellect entre en jeu, un intellect qui a été nourri par des sages dont la vie est l'illustration de leurs enseignements, dans le système dit gurukula. Ces sages peuvent être pris en modèle. Jusqu'ici, nous avons peut-être déjà suivi le modèle ou l'exemple de certaines personnes, mais cela ne nous a pas amenés très loin. C'est pourquoi nous nous tournons aujourd'hui vers de nouveaux modèles. C'est de cette façon que nous calmons notre agitation intérieure, le mental s'apaise, le corps et la respiration ralentissent, et *Hiranyagarbha*, l'intelligence cosmique, peut être à l'œuvre. Si nous rentrons dans un état méditatif avec des questionnements clairs, nous trouverons indubitablement la réponse, et cela peut constituer une aide merveilleuse dans notre quotidien. Si vous n'êtes pas convaincus, ou si votre intuition n'est pas encore suffisamment développée, vous pouvez vous tourner vers des personnes qui sont un peu plus avancées sur le chemin pour qu'elles vous guident. Votre propre capacité se développera avec la pratique, et vous finirez par être capables de répondre vous-mêmes à vos questionnements, par avoir accès à *Hiranyagarbha*.

TROIS NIVEAUX DU MENTAL

Le *Raja Yoga*, qui est souvent appelé « la psychologie du yoga », affirme qu'il existe trois niveaux de conscience : le mental subconscient, le mental conscient et le mental supra-conscient. On peut aussi appeler ces trois états instinct, intellect et intuition. Le niveau subconscient est très intéressant, important et utile pour le développement global de la personnalité. Ici tout est sauvegardé depuis les incarnations précédentes, y compris les vies dans les formes animales, végétales et minérales. Selon les écritures védiques, pas moins de 840 000 niveaux d'existence ont été traversés avant que l'on puisse même parler de conscience. Par conséquent, le mental subconscient est une immense collection de choses dont nous ne sommes pas conscients dans le moment présent et qui peuvent remonter à la surface à tout moment, jusqu'au mental conscient, où elles vont sembler uniques et nouvelles. L'une des fonctions du mental subconscient est d'emmagasiner des choses apprises auparavant de façon à ce qu'elles puissent être activées au besoin, comme conduire, monter un escalier, lire, écrire, etc. Ce niveau instinctif, présent également dans le royaume animal, constitue la part la plus importante de nos activités quotidiennes. Nous avons souvent l'impression que nous sommes en train d'apprendre quelque chose de nouveau, alors que de fait les choses viennent du magasin subconscient.

À juste titre, le yoga compare le mental à un lac, au fond duquel il y a beaucoup de boue. Quand l'eau est agitée, la boue tourbillonne et on ne peut distinguer ce qui est caché dans le mental / lac. Quand il n'y a pas de vagues, quand le lac est tranquille, le fond avec tout son contenu peut être vu clairement. Les vagues qui agitent l'eau sont les multitudes de pensées qui sont présentes en permanence, comme les désirs satisfaits et insatisfaits, les souvenirs du passé ou l'anticipation du futur. Aucune d'entre elles n'est reliée à l'« ici et maintenant ». Tout tourne autour du « moi » et du « mien » : c'est ce qui apparaît à la surface quand l'intellect ne fait pas usage de son discernement et ne sait décider quoi penser et quoi ne pas penser. Si le mental subconscient prédomine, le passé a son mot à dire ; l'être humain est manipulé par son passé et ne pourra pas opérer de changements dans sa vie. Le mental subconscient et le mental conscient travaillent constamment ensemble pour pouvoir apprendre de nouveaux contenus. La partie consciente, qui habituellement est moins présente, doit être plus active et cela nécessite de la force, du *prana*, de la discipline de soi, de la régularité et ainsi de suite. À cause de la paresse, nous nous réfugions le plus souvent dans ce qui est déjà connu, dans le niveau instinctif. Le yoga veut activer l'intellect conscient, par exemple à travers la pratique des *asanas*, où le pratiquant apprend à être très présent et concentré, même quand les mouvements ou la position ne sont pas vraiment difficiles et le subconscient pourrait donc facilement l'attirer loin.

Il est dit que les contenus positifs sont stockés plus près de la surface, qu'ils peuvent être activés plus facilement et que le positif vainc toujours. C'est pourquoi nous devons cultiver les pensées positives, pour qu'elles atteignent le niveau subconscient. Le yoga se sert de la sublimation du subconscient. Ce qui a été pensé ou fait pendant d'innombrables vies ne peut être rectifié et sublimé dans un temps court.

Les habitudes sont un obstacle majeur, mais elles peuvent aussi être utiles ; par exemple, le matin nous n'avons pas besoin de chercher notre chemin à chaque fois parce que nous l'avons appris par cœur au bout d'un moment. De la même façon, nous pouvons faire de la pensée positive, du courage et de la compassion une habitude, et cela fera de nous une nouvelle personne, plus heureuse et plus en paix. Souvent les gens sont malheureux parce qu'ils se connectent à la vie du point de vue de la partie instinctive, qui a son origine dans le royaume animal. Par exemple, nous marquons notre territoire et demandons à un architecte de dessiner une merveilleuse maison pour nous, tout simplement parce que l'instinct nous dicte : « Je veux construire mon nid ». Ou l'instinct de survie, comme quand les animaux cachent de la nourriture sous terre pour la stocker pour l'hiver... Nous, on a les frigos. L'intellect n'est pas mêlé à cela. Il fait surface seulement quand nous commençons à nous demander : « Qui suis-je ? Suis-je l'être qui construit des maisons, qui gagne de l'argent, qui mange, dort, fait des enfants et porte les couleurs indiquées dans les magazines de mode ? Est-ce vraiment moi ? ». Une fois que ces questions se présentent, l'intellect a trouvé son indépendance de l'instinct, puisque ces questions viennent du pur intellect, de la logique, du discernement. Une fois que nous nous demandons sincèrement : « Qui suis-je ? », nous nous ouvrons à la possibilité d'être autre chose que ce que nous pensions. En réalité, le fait même de se poser cette question montre que nous sommes assurément autre chose.

C'est ici que commence la voie intérieure. On réalise que, jusqu'à présent, le mental subconscient a prédominé et maintenant peut commencer la tâche ardue de la sublimation, qui signifie apporter, à l'aide de l'intellect, le positif dans le mental subconscient. Ce travail demande un accompagnement. L'étude des livres ne suffit pas. Nous devons être accompagnés par des personnes qui sont plus avancées que nous sur le chemin. Sinon, nous risquons de prendre la mauvaise route, d'aller aux extrêmes : par exemple, en s'imaginant que l'on doit tout changer, tout de suite – de travail, de famille, d'environnement, etc. – et bien sûr, le mental dans ce cas se rebellera.

L'intellect discernant est là, mais on doit l'entraîner. Pour décider ce qui est bon et ce qui ne l'est pas, nous devons adopter une posture très neutre vis-à-vis de nous-mêmes. Quand les désirs prédominent, l'intellect doit être spécialement vigilant. Par exemple, lorsqu'il y a le désir, très naturel, de se sentir mieux, physiquement ou mentalement, nous pourrions penser « un médicament fera l'affaire ». L'intellect intervient et nous rappelle les effets secondaires, et qu'un peu de pratique pourrait mieux aider. Mais l'effet escompté ne vient pas aussi rapidement avec la pratique, et il serait tellement plus facile de prendre le médicament ! Le désir de trouver le bien-être le plus rapidement possible est maintenant contrecarré par la logique, qui nous dit que la voie facile, bien que tentante, pourrait avoir des côtés négatifs. Au final, seul le bon chemin, plus long et plus exigeant, apportera de façon pérenne les résultats attendus.

Si nous sommes capables de nous extirper de notre propre « boue » intérieure et de ralentir nos pensées, nous aurons accès le moment venu à la conscience cosmique, l'intuition, *Hiranyagarbha*, là où se trouvent toutes les réponses. Pour l'atteindre, nous devons sublimer le mental subconscient. Il doit être rempli de positivité.

Bien sûr, au final, tous les niveaux de la conscience doivent être transcendés : le mental subconscient, ou instinct, le mental conscient, ou intellect, et aussi le mental supra-conscient ou intuition, mais le plus difficile à gérer est le mental subconscient. L'intellect est d'habitude actif surtout pendant la période d'apprentissage de la vie, mais une fois que l'école, les études et l'apprentissage professionnel ont eu lieu, souvent les automatismes du mental subconscient prennent le dessus et nos pensées vont à nouveau se référer principalement au passé. Le mental subconscient, donc, est comme une ancre qui tient fermement dans le sens négatif. Cette ancre doit être levée pour dépasser les schémas habituels du mental, comme la peur, la jalousie et les préoccupations quotidiennes. Alors que nous devons continuer à nous occuper de tout cela, il faut aussi voir que la vraie essence est dans la question : « Qui suis-je ? ».

LA MÉDITATION DU RAJA YOGA

Dans la tradition millénaire du yoga, c'est le chemin du *Raja yoga* qui décrit le mieux la psychologie du mental humain. Le *Raja yoga* explique les différentes fonctions du mental, les différents états de conscience, les concepts de *prana*, ou énergie vitale, *chakra* et *kundalini*, ainsi que les différents niveaux de méditation. L'étude du *Raja yoga* nous aide à comprendre le fonctionnement de notre propre mental, comment nous nous identifions constamment avec lui, et comment cela nous amène à développer l'idée erronée que notre niveau de conscience ne peut être changé. On dit : « Je suis né dans cette situation, avec cette famille et ces parents, et cela explique tout », mais la pratique du *Raja yoga* peut nous extraire de n'importe quel état de conscience que nous voulons dépasser.

Les *Raja Yoga Sutras*, une collection réalisée par *Patanjali Maharishi*, a donné au *Raja yoga* sa forme actuelle. Une étude de ces aphorismes révèle notre tendance à répéter certaines actions qui renforcent des habitudes anciennes et profondément enracinées et nous suggère, en même temps, des possibilités pour le changement. Dans le *Raja yoga* ce processus est appelé « sublimation ». On peut sublimer ses pensées et actions et les mouler dans une nouvelle forme, en rendant notre vie plus pacifique, plus sereine, grâce à de nouvelles actions et pensées. Si nous avons l'impression d'être coincés dans une impasse sombre, nous n'avons pas à accepter cela. Le *Raja yoga* nous donne beaucoup d'espoir.

Les *Sutras* comprennent un total de 196 vers et sont divisés en quatre chapitres. Il ne s'agit donc pas d'un long texte, et pourtant son étude exige du temps. C'est l'étude psychologie de notre soi. Nous ne demandons pas aux autres de nous dire qui nous sommes ; au contraire, nous regardons à l'intérieur et nous saisissons l'opportunité de nous purifier. Le *Raja yoga* implique une purification intérieure que les autres pourraient ne pas remarquer. D'autres pratiquants pourraient s'en rendre compte, mais ne pas nous en parler.

Le système du *Raja yoga* décrit huit membres :

1/ **Yama** et 2/ **Niyama**, l'éthique et la morale

3/ **Asana**

4/ **Pranayama**

5/ **Pratyahara** – la maîtrise des sens

6/ **Dharana** – la concentration

7/ **Dhyana** – la méditation

8/ **Samadhi** – en dernier, les pensées transcendées, la vraie substance du mental se révèle et amène la Connaissance du Soi et la Réalisation de Soi.

Le livre Méditation et Mantra de Swami Sivananda contient un excellent commentaire des *Raja Yoga Sutras* particulièrement adapté aux pratiquants occidentaux. Les commentaires de Swami Vivekananda sont aussi fortement conseillés.

CHOISIR L'OBJET DE LA MÉDITATION

Outre l'étude psychologique, on devrait établir une connexion à la pure spiritualité, au divin. Cela est un sujet plus personnel, pour lequel il y a une grande variété d'options pour la pratique personnelle de la spiritualité. Quelqu'un qui vient d'une tradition chrétienne choisira peut-être de se concentrer sur la croix, la sainte mère Marie ou le petit Jésus, ou il utilisera un rosaire pour prier. Il est important d'avoir un point sur lequel le mental puisse se reposer. Comme un oiseau qui se repose sur une branche, l'esprit humain a aussi besoin d'un perchoir pendant la méditation, faute de quoi il retombera dans ses vieilles habitudes. On pourrait également choisir un symbole bouddhiste, juif ou musulman. Si l'on ne se sent à l'aise avec aucune forme religieuse traditionnelle, on pourrait choisir un tableau védantique. Afin de comprendre ces images spirituelles pour la méditation, on a besoin d'une introduction à la philosophie du *Vedanta*. Le *Vedanta* est la philosophie la plus élevée connue de l'être humain, parce qu'il affirme qu'il n'existe qu'une seule réalité. Au lieu d'utiliser le terme « Dieu », le *Vedanta* parle d'une réalité qui est immuable, présente dans toutes les manifestations visibles et invisibles de la nature ainsi qu'à l'intérieur de nous-mêmes. Cette réalité est éternelle et pénètre toute chose.

OM, A U M, est le mot qui exprime tous les niveaux de cette réalité à travers le son. La musique est un véhicule important dans le yoga. Elle nous aide à nous accorder avec une énergie d'harmonie et d'amour et donc avec l'énergie des *chakras*, les sons intérieurs anahata, que l'on peut entendre quand on plonge profondément en soi, en se détournant de toutes les stimulations extérieures des sens.

Chaque centre d'énergie a son propre son. *Ajna chakra*, le centre d'énergie de la pensée et de la connaissance, a le son *OM*. *OM* est un son de pure énergie, déconnecté de tout nom ou forme. C'est l'expression la plus universelle du son que les cordes vocales humaines puissent produire. Le son A U M résonne dans le « mmmm », la vibration primordiale de l'univers sur laquelle nous nous concentrons pendant la méditation. Dans l'étude comparative des religions, il est dit que des mots tels qu'amen et shalom dérivent de OM.

Les mantras sont des sonorités méditatives, propices à la contemplation. En revanche, les sons de notre propre langue ont tendance à ramener notre attention aux préoccupations et désirs de la vie quotidienne. Maintes et maintes fois le pratiquant devra ramener le mental à la vibration primordiale « mmmm », dans le mantra universel A U M.

Vous pourriez vous demander comment nous savons que OM est le son primordial. Cette connaissance a été transmise par des visionnaires qui avaient réalisé le Soi. On dirait que notre seule option est de les croire, et cela est vrai pour d'autres domaines d'étude. Si nous étudions la médecine, par exemple, il y a certaines choses qui, pour le moment, nous ne pouvons qu'accepter comme étant vraies, jusqu'au jour où nous en ferons l'expérience nous-mêmes en tant que médecins. Cela s'applique également à des cours de conduite, à la maçonnerie ou au yoga.

D'où Jésus et le Buddha ont-ils tiré leur connaissance ? Ils l'ont obtenue grâce à leur propre expérience. Dans la tradition yogique de tels êtres s'appellent des visionnaires. Ils ont su s'accorder avec ces sons subtils et ils les ont transcrits dans les Vedas, les écritures les plus anciennes connues au monde.

Les doutes assaillent ceux qui ne pratiquent pas. La pratique amène à de l'expérience qui constitue la base de la foi. La foi nous guide plus loin, elle nous guide jusqu'à l'expérience ultime.

Le silence n'est pas silencieux. Nous plongeons à l'intérieur et nous nous unissons avec le son qui a toujours vibré dans l'ajna chakra. C'est la façon la plus facile, rapide, pratique et logique de nous détacher des sons de notre propre langue. Les contenus de notre langage ont beau être très édifiants, la conscience qu'ils inspirent est encore limitée. Nous voulons aller au-delà de cette conscience, afin de réaliser notre vrai Soi.

Si vous n'êtes pas sûr, vous pouvez toujours commencer par OM. C'est la façon la plus simple d'entrer dans la méditation yogique classique. Si vous êtes enracinés dans votre propre spiritualité, dans les formes spirituelles de votre religion, vous pourriez décider de vous concentrer sur un objet religieux de votre choix et en même temps continuer à utiliser le son *OM*. *OM* est neutre. Si vous choisissez les images méditatives du *Vedanta*, vous pouvez vous connecter à différents niveaux énergétiques qui, en dernière instance, fusionnent dans le Soi absolu et immuable.

Le *Vedanta* voit ces niveaux énergétiques comme les trois principes de création, préservation et destruction.

La création est ce qui se renouvelle constamment. À l'automne tout est plein de couleurs (plénitude, préservation), en hiver la nature est dans un état de mort apparente (destruction) et puis au printemps tout semble nouveau, une nouvelle création. Le yoga considère la création, la préservation et la destruction comme des divinités parce qu'elles s'étendent à l'univers entier. Il ne s'agit pas de dieux avec qui parler un langage spécifique ou que l'on regarde d'une certaine façon, mais plutôt des niveaux énergétiques qui incluent des sons divins. Aussi y a-t-il des vibrations sonores spécifiques de création, de préservation et de destruction. Les yogis ou visionnaires ont perçu ces sonorités dans leur état méditatif supra-conscient et ils nous les ont transmises. Il s'agit des *mantras* classiques, très anciens, qui ont été préservés.

Par la répétition des *mantras*, on peut s'accorder avec les sons des trois différents niveaux, tout comme on règle sa radio pour capter une chaîne. Le son nous enveloppe et pénètre à l'intérieur de nous comme une douche d'or pur, qui à son tour est renvoyée tout autour de nous. Plus nous répétons le *mantra*, plus nous entrons en syntonie avec le *mantra*, plus nous nous fondons dans l'énergie cosmique.

INTRODUCTION AUX GUNAS

Le terme sanskrit guna est traduit généralement par « qualité ». Les trois *gunas* – *sattva*, *rajas* et *tamas* – représentent les parties caractéristiques et la substance à la base de la nature, *prakriti*. Afin d'atteindre la libération, nous devons les transcender puisqu'il s'agit de formes d'*avidya*, ignorance. Les *gunas* constituent la base de l'identification avec le corps et l'esprit. La personne qui a laissé les trois *gunas* derrière elle est affranchie de la naissance et de la mort, du vieillissement et de la douleur et atteindra la connaissance du Soi.

Les *gunas* se manifestent comme :

Sattva (la pureté, la propreté, le cristal, le blanc). Si une personne est dominée par le *sattva*, elle transpire la lumière de la sagesse et le pouvoir du discernement. Des pensées élevées et une compréhension pure prédominent dans le mental de la personne qui se retire des plaisirs sensuels pour se tourner vers la connaissance. Toutefois, il est possible de s'identifier tellement avec le *sattva* qu'un attachement se développe. À ce stade la personne *sattvique* se sent supérieure et se vante de cette supériorité.

Le plus important pour notre développement spirituel est de cultiver le *sattva* dans notre schéma global de pensée. Prenez par exemple la conduite d'une voiture : avec calme et énergie, rapidement, mais avec contrôle – c'est ce que nous entendons par *sattvique*. Le *sattva* dans la nourriture signifie manger lentement et avec plaisir, en ressentant les saveurs, plutôt que de gober son repas en pensant à autre chose. Une attitude *sattvique* est celle qui nous permet de continuer une conversation calmement même quand celle-ci s'anime ; est *sattvique* la réaction d'un chirurgien qui fait face soudainement à une complication imprévue pendant une opération et réagit avec contrôle. Ce principe s'applique à tous les aspects de la vie. Cela veut dire aussi savoir relativiser et rester calme, aborder une tâche avec attention et soin jusqu'à ce qu'elle soit accomplie. C'est cette méthode qui caractérise une personne de succès.

Rajas (l'agitation, le désir, l'avidité, le rouge). Une activité *rajasique* peut être prise par mégarde pour du *Karma yoga* ou activité au service du divin. Une activité humanitaire en apparence dénuée d'ego peut devenir *rajasique* quand la motivation derrière l'activité est liée à des désirs personnels. Certaines personnes ne peuvent rester assises même pas une minute, et ont besoin de se tenir occupées d'une façon ou d'une autre. Un yogi ou personne sage qui est assis dans l'immobilité et apprivoise son mental est la personne la plus active au monde. Lorsqu'une activité intense a lieu sous une impulsion *sattvique*, ça donne l'impression d'une roue qui tourne très vite et pourtant apparaît absolument immobile. L'énergie incontrôlée qui est opposée à cela apparaît si fluide et active. Le terme *rajasique* décrit des personnes qui n'ont jamais le temps de faire les choses et qui ne ressentent jamais vraiment le besoin de réfléchir parce qu'elles sont toujours pressées.

Tamas (oublier son propre devoir, la confusion, l'obscurité, l'absence de discernement, l'extrême léthargie, le fait de perdre la tête, de faire des erreurs, le noir). Quand la nature est dans l'obscurité, la nuit, c'est le temps du repos et du sommeil. Si le rythme naturel du sommeil et de l'état de veille est trop souvent négligé, le *tamas* augmente. La science de l'*Ayurveda* l'appelle *kapha*. Si le *tamas*, l'inertie, est prédominant dans le corps physique, cette condition se transfère au niveau mental, aux couches intellectuelle et émotionnelle, et une dépression peut s'en-suivre, ainsi qu'une respiration essoufflée, un comportement agressif et un sentiment d'être écrasé par les devoirs du quotidien. L'état de calme que l'on obtient par l'usage de médicaments qui agissent sur l'humeur, l'alcool et les drogues est *tamasique*.

Le *tamas* souvent se manifeste de façon insidieuse : on alterne des moments de bonheur et des moments de malheur. Parfois on dort trop, parfois pas assez ; un moment on se sent satisfait et patient, le moment d'après on est frustré et impatient ; parfois plein d'amour, parfois plein de haine. Les cinq points du yoga de Swami Vishnudevananda – exercices appropriés, respiration appropriée, relaxation appropriée, alimentation appropriée, pensée positive et méditation – constituent une méthode qui a fait ses preuves pour expulser du système le *tamas* cumulé.

Les *gunas* sont à *prakriti* ce que les bijoux sont à l'or. Tout comme on ne peut séparer la chaleur du feu, ainsi les *gunas* et *prakriti* ne peuvent être séparées et elles sont identiques.

Le soleil se reflète sur l'eau. Les vagues de l'eau donnent l'impres-sion que le soleil bouge ou qu'il présente des vagues sur sa surface. De la même manière, l'*atman* semble se mouvoir quand les *gunas* traversent le mental. Mais l'*atman* reste toujours intact. Ce phénomène est une surimposition.

Dans le monde manifeste les *gunas* se trouvent dans un état de déséquilibre et sont visibles dans tous les aspects de la vie : la nutrition, l'action, la foi, etc. Leur effet sur le plan du mental doit être reconnu pour que l'on puisse finalement les dépasser.

LES GUNAS ET L'ACTION

Nous pouvons observer l'effet des *gunas* dans l'action. Chaque jour nous devons faire face à un « problème » ou un autre ; la différence réside dans notre façon de réagir. Nous pouvons réfléchir à notre réaction pendant notre contemplation ou méditation du soir : « Est-ce que ma réaction à une autre personne dans une situation désagréable était *sattvique* ? Est-ce que j'ai donné de l'espace à l'autre et est-ce que j'ai vu que le problème trouvera sa solution au final ? Est-ce que j'ai réagi de façon *rajasique* avec la même intensité ? Ou est-ce que je me suis mis en retrait de façon *tamasique* et indolente ? ». Les situations qui causent les difficultés sont toujours du même type, mais selon les circonstances extérieures, elles semblent à chaque fois uniques. Notre réaction vis-à-vis d'elles, et notre propre comportement, sont le résultat des samskaras, les impressions subtiles des nombreuses vies précédentes, mais aussi de la présente incarnation. Ces impressions ont créé des désirs dans le passé et continuent à le faire. Les désirs portent la marque du guna prédominante et peuvent se montrer à tout moment.

Il est donc évident que tant que les trois *gunas* n'ont pas été transcendées, le *samsara*, la roue de la naissance et de la mort, continue de tourner.

En général, quand on parle d'activité dans le yoga, on entend *rajas*, mais dans toute activité les trois *gunas* peuvent se manifester. Swami Sivananda dit dans le quatorzième chapitre de son commentaire de la *Bhagavad Gita*, le chapitre sur les *gunas*, que l'agitation peut nous conduire vers une action que nous allons ensuite regretter. L'action est accomplie pour satisfaire son désir plutôt que pour faire ce qui doit être fait. La différence se situe dans la motivation derrière l'action. Il est extrêmement important de réfléchir à cela et d'analyser si cette motivation est *sattvique*, *rajasique* ou *tamasique*. Nous pourrions penser que notre action est désintéressée, mais en réalité nous satisfaisons notre propre besoin de célébrité et de reconnaissance. La paix *sattvique* peut bien venir de l'action, mais seulement d'une action qui est dénuée d'égoïsme. Dans le cas contraire, l'agitation se crée et on devient un bourreau de travail, on s'épuise et on fait un burn-out, pour ensuite se transformer dans une épave devant la télé, incapable de faire quoi que ce soit, jusqu'à ce que cet état redevienne de l'agitation et que le processus recommence. C'est comme le mouvement d'une pendule entre *rajas* et *tamas*.

Souvent on peut observer des attitudes bien différentes dans différents domaines de la vie. Par exemple, une personne active et dynamique dans son travail, qui travaille avec grande concentration peut être paresseuse et léthargique dans sa vie privée. Le *tamas* et le *rajas* vivent proches l'un de l'autre ; l'individu élégant et intelligent, qui réussit dans sa vie professionnelle devient une personne apathique, paresseuse, qui ne fait que végéter en l'espace d'un week-end. La vraie propreté, le vrai *sattva*, présuppose qu'il n'y ait pas cette différence.

La coexistence de *rajas* et *sattva*, en revanche, est le résultat d'un entraînement intensif qui fait que ça devient possible de penser en *sattva* et être actif en même temps ; on peut ainsi réaliser un merveilleux portrait d'évolution personnelle.

L'activité *sattvique* est le résultat de la réflexion calme et concentrée sur ce qui doit être fait, sur les mesures qui doivent être prises, afin de servir soi-même et l'humanité. Vu de l'extérieur, ça ne ressemble pas à de l'action, mais de fait c'est l'activité la plus élevée qui soit. Faire une pause et pratiquer un peu d'auto-observation avant et après l'activité permet de calmer le mental et de rendre l'activité *sattvique*.

LES GUNAS ET AVIDYA

Les *gunas* sont considérés comme a*vidya*, une surimposition sur *vidya*. C'est pourquoi la connaissance des *gunas* et de leurs fonctions est essentielle afin de s'affranchir de l'étreinte de l'ignorance. Par un détachement approprié nous devons garder notre distance par rapport à la surimposition des *gunas* sur l'*atman*. Personne ne peut échapper aux effets des *gunas*, mais il est important d'analyser ce phénomène. Il est important d'analyser ses caractéristiques, d'adopter le rôle d'observateur plutôt que de s'identifier avec les *gunas*, de devenir un gunatita, à savoir, quelqu'un qui se détache des *gunas*. On ne peut faire cela sans comprendre comment elles fonctionnent.

Le cinquième vers du quatorzième chapitre de la *Bhagavad Gita* explique que : « La pureté, la passion et l'inertie – ces qualités, O Arjuna, nées de la Nature, enchaînent au corps ce qui n'a pas corps, l'indestructible ». Quiconque s'identifie avec ces qualités de la nature s'attache aux différentes couches, *upadhis*, et par conséquent ne peut voir l'indestructible, l'âme, au fond. Nous nous identifions avec nos tendances génétiques, qui sont une expression du *prarabdha karma*. Le yoga nous enseigne à abandonner l'identification avec les instruments, le corps et l'esprit. Les tendances caractéristiques sont une expression des *gunas*, et le yoga nous apprend à les voir, à les analyser, à ne pas s'identifier avec elles et au final à les dépasser pour développer le vrai Soi.

LES GUNAS ET LA FOI

Si le *tamas* est dominant, la foi s'éteindra, dit la *Bhagavad Gita*. Le mental est trop paresseux pour argumenter, tout est vu selon une perspective négative, l'individu ne croit en rien. Toute nouveauté sera rejetée et considérée comme mauvaise, négative, inutile ; le mental est trop léthargique pour la prendre en considération en profondeur ou pour se former une opinion. La confiance en soi-même et en ses capacités est faible. On ne croit pas à la possibilité d'obtenir un certain poste, et à cause de cette croyance, on n'essaye même pas, on ne postule même pas. Cela est un signe clair de la domination du *tamas*.

Dans l'état *rajasique*, selon la *Bhagavad Gita*, la foi devient l'assistant de l'activité. La pratique ou activité spirituelle est accomplie afin d'obtenir quelque chose, que ce soit un gain matériel ou des gains tels que la reconnaissance et le succès.

Si la foi est *sattvique*, encore selon la *Bhagavad Gita*, l'individu lutte pour atteindre la libération. La croyance dans ce qui est bon prédomine et, même dans les erreurs, on retiendra ce qui est bon, positif et instructif. C'est la raison pour laquelle des personnes de succès sont capables de ressentir de la sympathie pour les erreurs des autres, un sentiment qui émane d'un état intérieur *sattvique*. Ils connaissent les défauts qui sont communs à tous. Les personnes qui agissent dans l'état de *sattva* deviennent plus fortes et leur niveau de connaissance augmente.

LES GUNAS AU MOMENT DE LA MORT

Dans son chapitre quatorze, la *Bhagavad Gita* traite des *gunas* au moment du décès, quand a lieu la mort du corps physique. La Gita explique que le guna qui domine au moment du décès détermine la situation de l'incarnation suivante. C'est pourquoi tous les rituels qui accompagnent la mort sont conçus pour calmer le mental et le conduire vers le *sattva*. Si vous avez l'opportunité merveilleuse d'accompagner quelqu'un à ce moment, vous pouvez l'aider, selon la culture ou la religion à laquelle appartient cette personne. La tendance fréquente à rejeter l'idée même de la mort, à ne pas s'en occuper, est *rajasique*. La mort est un passage. Le yoga sait qu'il s'agit juste d'un retour de la matière aux éléments. L'âme, qui relève du corps subtil, ne cesse pas d'exister.

LES GÈNES – VASANAS

Des pratiques telles que le *tapas* ou ascétisme (par exemple, le jeûne), *japa, dhyana* (la méditation) ou les pèlerinages affaiblissent les obstacles que le mental jette en permanence sur notre chemin spirituel. On appelle ces obstacles *vasanas*, ou impressions profondes du mental ; elles sont aussi profondes qu'elles se répètent tout le temps : pensées, flot de pensées, pensées négatives suivies par des modes de vie négatifs, qui n'ont pas leur origine que dans la vie présente, mais aussi dans d'autres vies, qui sont latentes dans le mental, mais basées sur des actions passées. Il est difficile de dépasser et finalement changer ces *vasanas*. La science les appelle les gènes et elle en est encore au tout début de leur compréhension ; la science du yoga, au contraire, connaît les *vasanas* et puise sa sagesse dans les *Vedas* et dans les enseignements des yogis qui ont réalisé le Soi.

Les gènes, dans le yoga, sont les *vasanas*, des impressions héritées des parents et des ancêtres qui influencent une personne tout autant que la nourriture, son environnement, le climat du lieu où elle vit, etc. Les yogis essayent de modifier ces *vasanas* en utilisant par exemple *japa* ou la méditation. Il a été prouvé scientifiquement que la répétition de *mantra* peut effectivement changer les gènes – par exemple, des traits de caractère négatifs ou mauvais tels que la colère, l'avidité, la haine et la jalousie qui sont contenus dans des gènes et hérités des parents peuvent être dépassés de cette façon.

Il y a des possibilités pour s'échapper de cette roue de mort et de réincarnation, le *samsara*. Le yoga montre le chemin et l'individu utilise sa détermination, par exemple en affirmant : « Je vais m'améliorer, par exemple en menant une vie ascétique ».

KLESHAS – LES AFFECTIONS

D'après les *Raja Yoga Sutras* de *Patanjali Maharishi*, les *kleshas* sont les obstacles principaux à dépasser pour atteindre la paix du mental ou créer un système pratique de contrôle du mental qui mène vers la concentration et la méditation.

En Inde le yoga est enseigné principalement comme le yoga de *Patanjali*, qui inclut bien sûr le Hatha Yoga, mais qui se concentre surtout sur la méditation et sur un certain style de vie basé sur la maîtrise de tout le système – le corps, l'esprit et l'intellect – qui est propice à la méditation. En Inde le yoga est moins vu comme une philosophie que comme une façon pratique de purifier le corps et le mental, afin de contrôler les sens, d'atteindre la paix du mental et finalement de trouver l'union avec le Tout.

Patanjali explique comment contrôler le mental jusqu'à être libéré de la souffrance. Tôt ou tard nous devrons tous quitter ce corps physique, mais la question est : « Est-ce que je vais partir dans la paix du mental, ou avec des hanches souples ? ».

Patanjali explique qu'il y a de nombreux obstacles sur le chemin. Pourquoi est-ce tellement difficile de se concentrer ? Pourquoi je retombe toujours sur mes vieilles habitudes ? Les obstacles que nous rencontrons sur le chemin de l'évolution sont légion et les *Raja Yoga Sutras* suggèrent comment les surmonter. De fait, ils peuvent être réduits aux cinq *kleshas*, qui sont à la racine de tous les divers problèmes que nous rencontrons :

1. **Avidya**, l'ignorance, ne pas connaître la différence entre le réel et l'irréel

2. **Asmita**, la pensée ego-centrée ; être concerné surtout par le corps physique. Tout notre système économique tourne autour de ce type d'égoïsme : quoi manger, comment s'habiller, où partir en vacances, quoi faire pour soi-même. L'économie nourrit l'ego, elle nourrit le concept « moi et le mien ».

3. **Raga**, les préférences, l'attraction, toutes les choses et les circonstances que nous désirons avoir, qui nous attirent. Les attractions

sont un *klesha*. Souvent elles ne nous comblent pas, mais elles occupent le mental.

4. **Dvesha**, les hostilités et l'aversion qui occupent le mental tout autant que les attractions. *Raga* et *dvesha* forment un couple jumeau. Il est suffisant d'observer le mental pour un petit temps pour se rendre compte qu'il est constamment occupé par les attractions, les hostilités et beaucoup de pensée égocentrée. Prenez l'exemple d'une promenade silencieuse. Le mental saute d'une chose à l'autre : « Combien de temps va durer cette promenade ? Pourquoi j'ai décidé de venir ? Oh, il fait froid. Pourquoi ils ne nous ont pas dit qu'il ferait froid ? Pourquoi…? ».

5. **Abhinivesha**, la peur de la mort. Nous avons peur que notre vie ne prenne fin un jour.

Les *kleshas*, affections, signifient que nous sommes en souffrance, blessés, offensés, ou plus en général en mauvaise forme, mécontents. Nous espérons que ça ira mieux, que le futur sera meilleur, ou alors nous regrettons le passé, nous avons le sentiment que le passé était meilleur que le présent et que maintenant il n'est plus là. De toute façon, nous sommes rarement ici et maintenant, parce que nous n'aimons pas l'« ici et maintenant ». Si nous l'aimions, nous serions dans un état de santosha, de contentement.

Avoir une connaissance des *kleshas* et essayer de les surmonter est une voie merveilleuse pour trouver plus de contentement dans sa vie, pour amener plus d'équilibre dans le mental et pour devenir capable d'éviter cette douleur, cette mauvaise forme, cet état de souffrance, ce tourment.

ÉTENDRE LE MENTAL

Les maîtres de yoga affirment à l'unanimité que notre mental a un pouvoir illimité, et une fois que nous commençons la pratique du yoga, nous pouvons en faire l'expérience, mais tout d'abord nous devons ouvrir la porte à cette possibilité. La limitation n'est pas dans le mental, mais dans la personne qui porte le mental. Nous fixons nos propres limites et, malheureusement, cela prend du temps de se rendre compte que le mental est réellement illimité.

Tout d'abord, nous devons nous rendre compte que le mental n'est pas fait de matière lourde, mais qu'il est extrêmement subtil, invisible et qu'il a différents niveaux de vibration. Comme le son, nos pensées peuvent aussi vibrer à des niveaux différents. Toute pensée a un niveau vibratoire. Dans un mental éduqué, par exemple, le niveau vibratoire est bien défini. Dans un mental pas développé le niveau vibratoire est confus, nébuleux. Nous cherchons alors à nous éduquer, nous essayons de focaliser le mental. Si cet entraînement du mental commence tôt dans la vie, cela deviendra une habitude pour l'enfant et l'adulte trouvera cela facile de se concentrer.

La théorie des trois corps explique qu'il y a différents niveaux, différentes couches, qui s'enveloppent, qui ont une signification différente et différentes fonctions. Plus la couche se situe à l'extérieur, plus elle est subtile. Elle est invisible à l'œil nu, mais elle est bien là. La couche mentale enveloppe le corps physique et si on lui en donnait la possibilité, le corps mental pourrait grandement s'élargir. C'est une expérience assez commune de ressentir la présence de quelqu'un derrière nous. Les aveugles « voient » non pas grâce aux yeux physiques, mais en ressentant et en connaissant le niveau énergétique.

Par la pratique des *asanas*, du *pranayama* et de la méditation, le mental peut se développer et s'étendre. On réalise que l'on devient plus sensible à tous les différents niveaux vibratoires par ces pratiques, ce qui signifie que le corps subtil, que nous appelons aussi le corps astral, s'étend. Ce phénomène est basé sur le *prana*, l'énergie vitale. Sans le *prana* nous n'existerions pas. Nous ne pourrions même pas soulever un bras. Sans *prana* nous ne pourrions écouter, ni voir, ni digérer la nourriture. Quand nous sommes très fatigués, les différentes fonctions ralentissent. On pourrait observer que la vue s'affaiblit, ou que la digestion est difficile, et parfois nous sommes même trop fatigués pour bien dormir. Curieusement, nous avons besoin de *prana* même pour dormir, plus précisément : pour s'endormir. Nous avons besoin de *prana* pour la digestion, nous avons besoin de *prana* pour parler, pour rire, pour tousser, pour éternuer, pour avaler ; les gens très malades, qui ont un niveau de *prana* très bas, ont du mal avec toutes ces activités.

Le *prana* relève de ce que nous appelons le plan astral ou pranique, qui est aussi le siège du mental. Si les pensées sont de nature élevée, positive, nous aurons plus de *prana*. Le négatif consomme plus d'énergie que le positif : le fait d'être constamment contrarié, fâché, déprimé ou pris dans des pensées négatives est fatiguant et dans le long terme ça nous rend malades. L'idée de toute pratique du yoga est de conserver le *prana* que nous recevons à la naissance. Bien sûr, il faut prendre en considération les différences entre l'âge physique et l'âge mental : le corps peut vieillir, mais mentalement nous pouvons rester très jeunes si nous pratiquons le contrôle du mental, si nous nous servons du pouvoir illimité du mental. Le meilleur « effet secondaire » du yoga est que le mental peut rester limpide jusqu'à ce que l'on doive abandonner le corps physique. Le corps a ses propres dysfonctionnements et il tombera malade, il vieillira et, finalement, il mourra. Mais un mental fort peut soulager la souffrance d'une maladie, voire celle de la mort.

Le mental peut s'étendre. Nous avons déjà mentionné la pratique des *asanas* et du *pranayama*, mais cela ne s'arrête pas ici. La pensée positive revêt la plus haute importance. Les prières, par exemple, sont des pensées extrêmement positives, communes à toutes les traditions. Les prières, les pensées positives et le *prana* peuvent être transmis partout. On peut aider des personnes dans le besoin en leur envoyant du *prana*. Ce n'est pas « notre » *prana*. Le *prana* est partout : dans le soleil, dans le vent, dans l'eau, dans la nourriture. Il est aussi très fortement présent dans les paroles et dans le regard. Il y a expression de *prana* et transfert d'un corps à un autre dans une étreinte, un baiser et, de façon plus matérielle, au cours d'une relation sexuelle. Le transfert subtil par un regard est beaucoup plus efficace, et c'est encore plus fort quand le *prana* échangé est limpide, par la simple présence. Le *prana* le plus élevé peut être échangé dans la méditation, dans des méditations de groupe, et dans le chant. Si nous laissons le flux se faire, nous nous sentirons élevés. L'expansion du mental due à une forte cumulation de *prana* est la cause de l'attraction et c'est ce dont nous faisons l'expérience avec les yogis : leur mental est vaste et les gens affluent autour d'eux, sans qu'ils fassent rien de spécial.

Afin d'atteindre la maîtrise de soi nous devons travailler avec ce *prana*, le fortifier, le rendre capable de l'expansion du mental. Cela n'implique pas nécessairement de changer quelque chose à l'extérieur, il s'agit plutôt d'essayer de devenir maîtres de nous-mêmes, par l'austérité, *tapas*, en disant à notre mental : « C'est moi qui commande, pas toi ! ». Le mental veut toujours quelque chose, tous les jours, et parfois nous allons juste dire : « Non, pas aujourd'hui », quelle que soit la requête : sucre, café, thé, un magazine, la télé, de l'alcool. Le mental ne sera pas content et nous devrons donc supporter ce mental mécontent. Malheureusement, nous cédons souvent afin de rendre content notre mental, mais inévitablement, la fois d'après il en demandera encore plus ! La vérité est que notre mental veut de l'autodiscipline. Si nous pouvions, pour un temps donné, manger tout ce que nous voulons, dormir autant que nous voulons, n'avoir aucune responsabilité et aucune tâche à accomplir, nous ressentirions probablement une certaine sensation de liberté. Mais très vite nous éprouverions de l'ennui, puis de la gêne, de l'insatisfaction et pour finir, nous serions déprimés. Avec l'autodiscipline, le mental va briller, il va se prendre en main. Le yoga montre le chemin.

Tous les problèmes sont dus à un mental incontrôlé et la tâche de le maîtriser n'est pas aisée. C'est pourquoi on commence par les postures, *asanas*, qui sont en réalité un exercice de concentration : on rentre dans la posture avec contrôle, on se concentre en la tenant (et ce n'est pas facile de tenir la posture dans l'immobilité) et on quitte la posture toujours en contrôlant le mouvement. En tenant l'*asana*, on tient le *prana* et ce *prana* peut être absorbé par l'organe interne qui est la cible de la posture. Après une séance d'*asanas*, on se sent rajeuni grâce à la stabilité. Le mental en tire des bienfaits parce qu'il a été stabilisé, empêché de mouvoir un membre (c'est le mental qui veut bouger, pas le corps). Le *prana* a été contrôlé et dirigé correctement et le mental devient conscient qu'il n'est pas limité, qu'il peut être ouvert et étendu.

LA DÉVOTION

BHAKTI

Il est dit que le *Bhakti yoga* est la plus accessible de toutes les voies du yoga. Le *Bhakti yoga* cultive la dévotion, le sentiment d'amour envers tous les êtres, par le fait de voir Dieu en chaque personne et en chaque chose, afin d'élever la conscience et finalement atteindre la libération du *samsara*, la roue de la naissance et de la mort.

Toutes les écritures classiques du yoga, ainsi que les commenta- teurs et auteurs contemporains, déclarent à l'unanimité que le *bhakti yoga* est ouvert à tout le monde, quels que soient notre religion, na- tionalité, classe sociale ou niveau d'éducation. En dépit de cela, notre intellect souvent s'interdit de trouver attractif l'autel joliment décoré de la salle de méditation, d'une église ou d'un temple, et il est hostile au chant du nom de Dieu, ou à la participation à des rituels qui ne nous sont pas familiers, avec prosternation et offrande de fleurs à des statues. La voie systématique et compréhensible par l'intellect du *Raja yoga* est beaucoup plus proche de l'esprit occidental. Le *Bhakti yoga* fait usage de techniques telles que les rituels, les cérémonies, les *kirtan*s, le récit d'histoires sur Dieu, etc., qui nous paraissent souvent étranges. Nous ne nous rendons pas compte qu'elles sont juste des moyens, comme toutes les autres techniques de yoga, similaires à celles qui sont utilisées dans la tradition chrétienne. Par la concentration sur le Divin sous la forme de la foi, de l'espoir, de la dévotion ou de la prière, le dévot atteint un niveau plus profond de relation avec Dieu et une perception directe de l'idéal. Le but est d'atteindre l'unité dans la fusion et dans l'abandon de l'ego à cet aspect de la vérité qui est le plus proche de notre tempérament ; il peut s'agir d'un prophète, d'un saint, ou de l'une des trois énergies qui constituent l'univers : la création, la préservation, la destruction.

Dans d'autres voies du yoga, les émotions ne sont pas encouragées parce qu'elles augmentent l'attachement et la passion. Dans le *Bhakti yoga*, en revanche, les émotions sont transformées en amour divin, qui n'est pas égoïste et ne crée pas d'attachement. Les émotions sont utilisées et sublimées, elles ne sont pas réprimées mais plutôt purifiées ; elles ne sont pas centrées sur l'ego. C'est un amour qui n'attend rien en retour. Mais pour cela, la conscience de l'ego doit être purifiée et raffinée et c'est là que les autres voies du yoga entrent en jeu. Ces autres voies rendent l'ego plus subtil et pur et mènent donc à la sublimation des émotions : le *Karma yoga* purifie par le service désintéressé, le *Raja yoga* aide à rendre plus compréhensibles les aspects psychologiques de notre propre mental et le *Jnana yoga* montre le but.

Les émotions qui ont été sublimées et transformées en dévotion se manifestent souvent comme des larmes spontanées, par exemple, lorsqu'on entre dans une église ou un temple. Ces larmes viennent parce que nous ressentons l'amour avec lequel des mains ont décoré l'autel, créé des statues, peint des tableaux et pris soin de tout l'ensemble. Cet amour peut être ressenti et il nous émeut.

Le *Bhakti* naît du désir pour le Divin, le désir pour la transcendance, un désir dénué d'ego, un amour dénué d'ego. Les larmes dont on ne voit pas la raison peuvent être un signe de ce désir. Le *Bhakti* peut être déclenché par la souffrance, quand Dieu est vu comme le dernier refuge ; par la curiosité, quand l'aspirant tente de dévoiler le symbolisme des mots ou des actes ; ou par l'attente d'une forme de récompense, quand la prière est vue comme un moyen pour satisfaire ses désirs.

Ce regard vers le Divin trouve son expression dans différents sentiments ou *bhava*, selon le tempérament et les tendances de l'aspirant :

- la paix pure sans désirs ou émotions ;
- le sentiment d'être le serviteur de Dieu ;
- une relation d'amitié avec Dieu ;
- un abandon aimant à Dieu, comparable à l'amour que l'on peut avoir pour son propre enfant ;
- le sentiment d'être aimé par Dieu.

La foi est un aspect essentiel du *bhakti yoga* ; non pas la foi aveugle, mais la foi en quelque chose ou quelqu'un qui par le passé s'est montré digne de confiance. Si un enseignant nous a expliqué un jour que la pratique du yoga soulagerait le mal de dos et qu'elle a réellement eu cet effet, nous serons prêts à lui faire confiance dans d'autres domaines aussi. Tout le monde a eu des expériences, tout le monde a des intuitions et c'est comme ça que la foi se concrétise. Mais au début nous avons besoin de confiance et de patience pour permettre à la confirmation de la foi de se manifester. C'est pourquoi la pratique est aussi importante. La lecture des textes, l'écoute de conférences et l'étude de la philosophie ne sont pas suffisantes, parce qu'au final le doute persistera : « Est-ce réellement vrai ? ». Mais si l'étude théorique s'accompagne de la pratique, beaucoup de choses vont devenir vraies. La « foi » devient « expérience ».

Parabhakti, donc, est la spiritualité universelle, la forme la plus élevée de *bhakti*, toujours libre de l'ego, qui se caractérise uniquement par le désir de servir Dieu. Seulement de cette façon l'ego pourra disparaître.

Au bout du compte, la vraie religion ne consiste pas dans les rituels, les traditions, les pèlerinages et ainsi de suite, mais dans l'amour pour chaque être et chaque chose. Si le vrai amour est là, alors la haine, la jalousie et l'égoïsme vont disparaître. Il n'y a pas de religion supérieure à l'amour. L'amour est la vérité. L'amour est Dieu.

LA PRATIQUE DE LA DÉVOTION

La pratique du *Bhakti yoga* est double : le culte formel et l'entraînement à voir le Divin à chaque instant, dans tous ses noms et formes. De cette façon peut se produire la purification intérieure, qui permet de recevoir le flux ininterrompu d'amour divin, en allant dans le sens opposé à l'ego qui se manifeste comme une sensation de *séparation*.

Les textes mentionnent neuf formes spécifiques de culte :

1. L'écoute de récits divins :
Écouter des histoires est facile et agréable pour le mental ; il s'agit juste d'écouter, en s'abandonnant aux paroles. Les enfants aiment ça, tout comme les adultes, qui vont au cinéma ou regardent des films à la télé ; il s'agit toujours de l'art de raconter des histoires. En tant que pratique du *Bhakti* Yoga, le récit d'histoires concerne Dieu, Krishna, Jésus, Bouddha. On retrouve de telles histoires dans toutes les cultures.

2. Le chant :
On retrouve aussi le chant collectif dans toutes les cultures, et la psychologie moderne confirme que le chant en groupe est un antidépresseur. Pour les personnes âgées, par exemple, le fait d'être encouragé à chanter peut faire beaucoup de bien. Le chant rend l'ego plus transparent et on se rapproche donc plus du vrai cœur, de l'amour universel. Le chant

de *kirtan*, du nom de Dieu, avec d'autres dévots, crée une vibration spirituelle très puissante, purifie le cœur, nous élève et finalement déclenche un sentiment d'extase. De plus, le chant de *kirtan* purifie l'atmosphère. Il est dit que dans ce *Kali yuga*, ou âge obscur, le *kirtan* représente le moyen le plus facile et le plus direct vers la conscience de Dieu.

Swami Sivananda avait l'habitude de dispenser son enseignement par le *kirtan*. Il faisait souvent passer la pratique des *kirtan*s avant celle des conférences, en intégrant la profonde sagesse védique dans les mélodies. Le courant très fort qui est généré atteint directement le cœur des aspirants grâce au rythme et à la précision des ragas authentiques. Cela est vrai aussi parce que tout le monde participe, contrairement au cas d'une conférence, où une personne parle et toutes les autres ne font qu'écouter. Le pouvoir du *kirtan* réside dans la fusion qui s'opère entre le maître, ceux qui écoutent et les pratiquants.

Le chant des *mantras* est efficace parce que les *mantras* sont directement reliés aux différents centres énergétiques ou *chakra*. D'après Swami Sivananda, en ce qui concerne le *Bhakti yoga*, la pratique de la répétition de *mantra* est le meilleur moyen pour renforcer son mental et pour garder son équilibre, surtout dans des moments de trouble. Mais afin de pouvoir se servir de ce moyen au moment du besoin, une pratique quotidienne est nécessaire. La répétition peut être mentale, verbale, chantée ou écrite ; c'est une pratique qui peut être utilisée tout le temps et partout, y compris au milieu des activités et défis du quotidien.

3. Se souvenir du nom de Dieu :

Se souvenir que, derrière tout ce que nous voyons et percevons, il y a un pouvoir qui tient ensemble le tout et qu'en tant qu'individus, nous ne sommes pas essentiels dans la progression globale des choses.

4. Le service aux pieds du Divin :

Cela revient à servir toute l'humanité, dans la mesure où le Divin est présent en tout : par exemple en cuisinant pour les autres avec soin et amour, et pas seulement les plats les plus simples et rapides. Cette nourriture sera délicieuse parce qu'il y aura eu tout cet effort, toute cette énergie et tout cet amour qui auront été mis dans sa préparation. Le monde entier est considéré comme les pieds du Divin. En servant les autres, mentalement on Le sert. Tous ces endroits vivent grâce à la donation d'un tapis, à la peinture d'un tableau, au ménage qui est fait, aux fleurs qui les décorent, à la nourriture qui a été préparée ; sans tout cela, ces endroits seraient juste des activités commerciales. L'amour qui a été mis dans la création et dans le maintien d'un lieu de ce type fait la différence, et on peut le sentir.

5. La dévotion par les rituels :

Les *pujas* des Hindous, la Messe des Catholiques, la fraction du pain des Juifs – au final, tous ces rituels sont une expression de la plus haute vérité védantique : tout est un, tout est composé des cinq mêmes éléments, tout revient au cycle vital et sera absorbé. L'*Arati*, un rituel où l'on fait des cercles avec une lumière en chantant des *mantras*, est une technique qui a montré son efficacité pour purifier non seulement des espaces, mais aussi notre corps astral et pour élever le niveau vibratoire général. L'utilisation de symboles est un moyen pour développer la dévotion. Les autels, les statues, les portraits ou les objets symboliques font partie de toute religion. Ils sont utilisés pour que les fidèles se souviennent toujours de l'omniprésence de Dieu et ils constituent un point focal pour les rituels.

6. La prosternation :

En se prosternant, on exprime qu'il existe quelque chose qui est supérieur à notre ego.

7. Le service :

À pratiquer avec la notion de servir Dieu en toute personne et en toute chose.

8. Développer le sentiment d'amitié avec Dieu.

9. La dévotion absolue dans l'amour.

Les trois derniers points ne consistent pas dans des actions à accomplir, mais ils développent et cultivent le sentiment d'être le serviteur de Dieu ou ami avec Dieu. Cela nous aidera finalement à laisser tomber les derniers restes de l'ego afin d'éliminer toute notion de dualité.

COMMENT SE LIER À DIEU

Ce n'est pas facile de se lier à Dieu, parce que je suis ici, incarné dans ce corps physique, et Dieu ne donne pas vraiment l'impression d'être là. Dieu est invisible, il n'est pas incarné et il n'est pas physique – donc comment puis-je me connecter à lui ? Que se passe-t-il si nous substituons le mot « Dieu » par un autre mot, par exemple « source », puisqu'il y a toujours un désir de retourner à là d'où nous venons, à là où nous appartenons ? Si nous essayons d'explorer en profondeur ce désir, au-delà de notre histoire, de nos pères, grands-pères, ancêtres, nous en venons à nous demander : « Qui m'a créé, en réalité ? Si le corps a été créé – dans quel but il l'a été ? » Et cela semble être vraiment une question fondamentale : « Dans quel but ? Pourquoi ? ».

Bien sûr, nous pouvons aussi mettre la question de côté. Nous pourrions être trop occupés et ne pas avoir le temps pour cela. Nous pensons que nous nous en occuperons à la retraite, nous pensons que nous pourrons éviter cette question pendant toute notre vie, en nous occupant avec cette incarnation, en nourrissant le corps, en trouvant des vêtements et un abri, en survivant. Mais si nous considérons que la vie est simplement une question de survie, c'est un gage de déprime. La vie doit avoir un autre sens au-delà de payer le loyer et de remplir le frigo. Il doit y avoir un autre sens, une signification différente à la vie. Lorsqu'il y aura clarté sur le sens de la vie, l'énergie sera là. On trouvera l'argent pour vivre et des façons d'organiser sa vie, on le fera, on vivra la vie. Il y aura la concentration. Autrement, sans but, sans sens, nous nous sentons désespérés.

Nous pouvons donc nous relier à la source et voir Dieu comme créateur. Pourquoi est-ce qu'il (ou elle) m'a créé ? Comment puis-je me relier à lui ou elle ? « Dieu » est un mot neutre. Dieu peut apparaître dans n'importe quelle forme qui est utile. Narada, un grand visionnaire, a affirmé : « L'amour de Dieu est appelé *Bhakti*, l'attraction extrême pour ce qui ne peut être exprimé par les mots ». Évidemment, un chrétien voudra voir Dieu comme Jésus. En Inde Dieu est vu comme Krishna ou la Mère Divine. Nous tentons de créer une relation personnelle avec ce Dieu, une relation qui vient du cœur. Mais il n'y a une énorme difficulté : en tant qu'être humain, je suis incarné alors que Dieu n'est pas incarné, c'est la source invisible. Les yogis se sont demandés : « Est-ce vraiment comme ça ? Est-ce qu'il y a sép*arati*on entre les deux, le Dieu de l'au-delà et moi-même ici ? ». Étant donné que le mental n'a pas de difficultés à franchir la distance physique, les yogis sont parvenus à la conclusion que Dieu est de fait aussi ici, en ce moment même. La philosophie du yoga affirme que tout ce que nous voyons est une projection de Dieu, *maya*, qui est souvent mépris pour quelque chose de négatif, l'illusion. Mais les yogis ont compris que le monde manifeste tel que nous le voyons maintenant, *maya*, est la projection. La bonne nouvelle, alors, est que Dieu est ici et maintenant, projeté dans la création, dans le *maya*, donc plus facile à rencontrer, et non pas quelque part à l'autre bout de la galaxie.

La question suivante se présente : «Moi, je suis toujours et seulement ici, physique, incarné ». Encore une fois, les yogis ont compris que cela ne couvre pas toute la vérité, puisque nous ne sommes pas simplement un être physique. Ce message est répété encore et encore dans la philosophie du yoga – bien sûr, nous sommes des êtres physiques, mais pas uniquement. Comme Dieu, nous existons simultanément sur deux niveaux – dans le niveau incarné maintenant, dans un corps physique, mais il y a aussi quelque chose de nous qui n'est pas incarné. Les yogis l'appellent le Soi, *atman*. On pourrait dire aussi « la conscience ».

Nous pouvons nous lier à Dieu en étant présents dans la création, en tout, dans tout nom et toute chose. Afin d'apprendre à faire cela nous avons besoin de *bhava*, « sentiment », un sentiment qui doit être cultivé : voir Dieu partout, à l'intérieur, à l'extérieur, sans la notion de séparation.

LE KIRTAN

Le sujet ici est le chant, le *Bhakti yoga*, le *kirtan*. *Bhakti yoga* est un terme sanskrit qui désigne une attitude de dévotion vers un dieu personnel, ou universel, ou toute chose vers laquelle renvoie le mot « Dieu ». C'est une voie spirituelle dans le yoga qui favorise la foi, l'abandon et qui aide à augmenter la dévotion.

Dans son livre *Sadhana*, Swami Sivananda explique les qualifications pour un bhakta, une personne au caractère dévotionnel : être humble comme un brin d'herbe ; ne pas désirer les éloges ou le respect pour soi-même, mais louer et respecter les autres ; et en dernier, pratiquer constamment la répétition du nom de Dieu, ou méditation *japa*. La répétition d'un *mantra* s'appelle *japa*.

Nous pratiquons donc le *kirtan*. Nous chantons le nom de Dieu avec dévotion, *bhava*, non pas avec émotion, mais avec amour, un amour qui s'appelle prem, l'amour dévotionnel, et avec la foi, *sraddha*. Kirtan signifie chanter les louanges. La pratique du *kirtan* est une façon simple de ressentir la liberté, la liberté des pensées quotidiennes, l'abandon total à quoi que ce soit que nous chantons, même si au départ nous n'en connaissons pas la signification. C'est l'expérience musicale elle-même qui aidera à calmer le mental, et c'est cela, bien sûr, que nous recherchons.

Si l'on s'assied en silence, seul, quelque part, souvent la méditation ne sera pas très réussie ; on s'endort, ou on s'abandonne aux rêveries. Mais la méthode musicale du *kirtan* est un moyen parfait et sans effort pour focaliser le mental, et plus le chant est facile, plus on peut lâcher prise. L'idée est de lâcher prise, de tomber dans la méthode du *kirtan*.

Le *kirtan* est l'une des plus anciennes traditions de musique sacrée connues à ce jour, basée sur l'appel et la réponse ; ses origines se trouvent en Inde. Les chants *kirtan* sont principalement en sanskrit, parce que le sanskrit est lié aux points d'énergie à l'intérieur de nous, les *chakras*, et de cette façon le *kirtan* aide le mental à se focaliser et au final à se dissoudre, en lâchant prise de toutes les peurs, de la colère, de la jalousie, de la négativité en général.

Swami Sivananda affirme que le *kirtan* guérit l'esprit et le cœur. Comme il dissout l'oppression des préoccupations qui pourraient occuper le mental, il nous permet de nous détendre et de nous concentrer, et c'est bien cela le but du yoga. Les *mantras* dissipent les obstacles et nous ramènent au centre de notre propre être, qui n'est que silence, shanti, vide, félicité sans objet, sans motivation extérieure.

La musique touche le cœur, même chez les personnes les plus froides, et c'est cela que le *kirtan bhakti* veut accomplir. L'expérience du *kirtan* va au-delà la musique. Bien sûr, ça aide d'avoir étudié la musique, mais ne vous cachez pas derrière la croyance « Je ne suis pas du tout doué pour la musique, je n'ai pas le sens du rythme », et ainsi de suite. Swami Vishnudevananda lui-même n'avait pas un bon sens du rythme, mais il adorait jouer le tabla, et nous aimions son jeu parce qu'il dégageait le *prana*, il dégageait la foi, il dégageait la dévotion, il dégageait l'amour. Donc, allez au-delà de l'aspect musical, et pratiquez, éventuellement avec l'aide de quelqu'un. L'oreille va s'entraîner et, aussi, les synapses du cerveau, qui bien sûr sont connectées au mental, vont s'entraîner. Dans les années 1950, quand Swami Sivananda parlait de tout cela, il n'utilisait pas les mots « synapse » ou « neurotransmetteur », mais il disait plutôt : « Votre esprit s'ouvre à de nouveaux chemins par le *kirtan* ». Cela arrive aussi à travers d'autres pratiques telles que les *asanas* et le *pranayama*, mais le *kirtan* est un instrument très simple pour faire l'expérience des fréquences qui résonnent en vous. Ces fréquences changent de niveau selon la qualité de nos pensées et à partir de ces fréquences de pensée, le niveau vibratoire autour de nous, l'aura autour de nous, la lumière autour de nous, les couleurs autour de nous : tout cela va changer. Le *kirtan* modifie la fréquence. Il nous élève parce qu'en s'abandonnant à la pratique, le mental arrête de penser ; il arrête de penser à la colère, la jalousie, la peur, la haine et il arrête de s'inquiéter pour le futur.

Lorsque nous chantons ensemble, le niveau vibratoire commence à se synchroniser et nous pouvons faire l'expérience de satsang puissants. Il est important de ne pas trop bouger le corps. Vous devriez permettre aux vibrations de se propager le long des nadis, à travers les *chakras*, et vous concentrer sur ajna *chakra* ou anahata *chakra*, et à partir de là les vibrations vont rayonner. Vous allez avoir une merveilleuse expérience de félicité, lumière et légèreté. Cette expérience peut devenir très puissante si nous sommes nombreux, et tout le monde peut participer puisque les paroles sont tellement faciles et répétitives : *Siva, Siva, Siva, Sivaya Namah Om* ou *Subramanya, Subramanya* ou Jésus, Jésus, Jésus, Marie, Marie, Marie, *Om Om Om Om Om Om Om*.

Comme les chants sont en sanskrit, le *kirtan* éloigne le mental de tout. Même si on ne comprend pas la signification des paroles, cela n'est pas un problème. Les *mantras* et les mélodies sont un instrument pour nous guider vers un état méditatif. Si nous laissons cela se produire, nous pouvons méditer plus profondément dans le *kirtan* que dans le silence, surtout en tant que débutant. Nous laissons partir nos peurs, nous vivons des expériences nouvelles, nous détendons le corps et le mental. C'est pourquoi la pratique du *kirtan* ne doit pas être sous-estimée. Il s'agit d'une méthode très importante qui au final nous ramènera vers notre véritable Soi. Le Soi est toujours là, mais nous ne lui permettons pas de communiquer parce que nous sommes tellement pris par le mental, qui le recouvre. Nous redécouvrons donc le Soi à travers le *bhakti kirtan*. Dans une pratique plus avancée, la musique devient nada yoga, une façon d'atteindre la réalisation de Soi, le *samadhi*.

LA DÉESSE

Lorsqu'on rend grâce à l'aspect créatif du pouvoir universel, Dieu, dans la tradition indienne on parle de l'aspect féminin, la Déesse. Le symbolisme derrière cela est que l'aspect créatif de l'univers peut être vu dans le féminin, car c'est la forme féminine qui porte la vie.

Donc, à quoi ressemble la Déesse ? Beauté absolue, divinité absolue, pureté absolue. Et si on se concentre sur cette forme on pourra ressentir ce pur pouvoir créatif de l'univers. Dans la forme de Durga, Elle purifie l'univers entier. Elle purifie, et Elle advient pour couper la tête des démons, la tête des forces négatives, auxquelles nous avons permis de prendre forme à l'intérieur de nous. « Négatif » signifie déconnecté. Nous avons permis à cet état de déconnexion de prendre plus de place, de devenir plus fort. À un certain point notre Mère *Durga* vient et dit : « Ça suffit ! Assez de cette déconnexion. C'est pour ton propre bien. Si on la laisse devenir plus forte encore, elle te tuera ». *Durga* vient pour tuer nos démons – ce qui nous fait peur, parce que nous nous identifions aux démons –, mais Elle ne nous tue pas. Elle tue ces croyances limitées, la peur, la haine, et cetera. Elle vient pour nous libérer des attachements à ces sentiments.

Une fois que ce nettoyage est complété, *Lakshmi* peut prendre la suite. *Lakshmi* est le canal pour la positivité, la beauté, la générosité, la compassion, l'amour et la gloire – toutes les qualités positives.

Une fois que nous avons invité ces qualités en nous-mêmes dans la forme de la déesse *Lakshmi*, quand nous sommes remplis de beauté et de gloire, alors l'étape finale peut arriver : nous invoquons l'intuition, la capacité à être en même temps conscience et corps incarné. Nous faisons l'expérience de la concentration de façon permanente. C'est la Déesse *Sarasvati*.

LA VOIE INTÉRIEURE

ENTRER DANS LA VOIE DU YOGA

Quand on commence à pratiquer le yoga, souvent on se demande : « Est-ce que le yoga est vraiment adapté à l'Occident ? ». La réponse est un « oui » bien fort. Le yoga a à voir avec des aspects qui sont communs à tous les êtres humains.

Au sein de l'ample spectre des pratiques du yoga, Swami Vishnudevananda a choisi les *asanas* et le *pranayama*, les postures et les exercices respiratoires, comme première pratique. Cette pratique à elle seule offre déjà un sentiment de paix intérieure. Elle comprend des étirements, la respiration et la relaxation du mental. Les *asanas* et le *pranayama* doivent nécessairement être pratiqués sous les conseils d'un enseignant expérimenté. Si vous pratiquez par vous-mêmes il est difficile de dépasser la résistance de vos pensées. La pensée est une habitude et d'innombrables pensées surviennent automatiquement sans qu'on en soit conscient. Cela pourrait prendre sept ou huit ans pour purifier l'énorme accumulation de pensées habituelles. Cela peut vous sembler un temps très long, mais détrompez-vous. Il faut se méfier des fausses promesses d'un succès rapide.

Tout le monde a la même conscience de pensée collective et pour cela il n'y a qu'une solution : la relaxation, la concentration, développer de nouvelles habitudes. Nous avons des pensées cumulées non seulement au cours de la vie actuelle, mais aussi depuis nos vies précédentes. Elles se manifestent de façon plus drastique dans cette vie, parce que notre expérience du temps est plus intense. À ce moment de l'histoire les pensées tournoient de plus en plus vite. Cela suffit à nous conduire à la maladie à moins que nous n'apprenions comment gérer notre relation au temps d'une façon humble et courageuse.

Les ordinateurs, fax, téléphones et avions ont fortement influencé notre expérience du temps. Il y a quelques années encore, cela prenait une semaine pour envoyer une lettre des États-Unis à l'Europe, et une semaine de plus pour recevoir la réponse. Aujourd'hui, nous avons le fax et le courrier électronique, qui rendent le temps de réponse presque immédiat. Nous sommes pris dans une machine à remonter le temps.

Dans cette situation le yoga devient encore plus important, car il nous apprend à laisser tout à l'extérieur pour nous allonger sur le sol dans un espace de réflexion intérieure dégagé de fax, téléphone et ordinateur. Les retraites de yoga évidemment sont idéales dans ce but, mais nous devrions essayer de créer des conditions similaires dans nos propres maisons et commencer la pratique avec beaucoup de patience. Ne pensez pas : « Je ne suis pas flexible, j'ai subi différentes opérations. Mon médecin m'a recommandé de ne pas faire d'exercice physique excepté la physiothérapie ». Ou encore : « Je pratique déjà la danse classique, la gymnastique et le jogging. Le yoga est trop statique et ennuyeux ». Le yoga en réalité est le seul système qui combine des exercices mentaux et physiques de façon complète. Il n'y a aucun autre système aussi simple que les *asanas* du yoga. Tout ce dont vous avez besoin pour pratiquer est un tapis et un espace en dehors du temps vidé de toutes les machines dont je viens de parler. Maintenant, pratiquez avec tranquillité, humilité et détachement sans poursuivre un but précis. Ce n'est pas facile, vu que nous avons l'habitude de chercher des résultats rapides et le succès dans la posture. Acceptez votre corps comme il est chaque jour et entrez dans l'*asana* au mieux de votre capacité. C'est cela la perfection de l'*asana*. Nous devons apprendre à nous détendre et à lâcher prise. Les exercices stimulent les nerfs astraux et les points d'acupression. Tout le monde peut en faire l'expérience, quel que soit le niveau de souplesse, qui d'ailleurs va s'améliorer avec la pratique.

L'ALIMENTATION

Les *asanas*, le *pranayama* et une relaxation correcte nous mènent vers une conscience accrue du corps et la contemplation intérieure. De ce fait, le système devient incompatible avec des repas trop lourds. Très naturellement, on commence à chercher de nouvelles façons de nous alimenter. Cela pourrait prendre deux ou trois ans pour trouver le chemin du milieu dans l'alimentation. Au début, la pratique du yoga ne requiert pas un changement complet et immédiat vers le végétarisme. Il vaut mieux introduire les changements progressivement ; sinon on pourrait croire que nous voulons nous éloigner de la société. Chacun doit déterminer petit à petit le régime le plus adapté, sans tomber dans l'extrémisme. Toute pratique du yoga vise à l'adoption d'un régime végétarien, un régime qui est en parfaite harmonie avec le style de vie des *asanas*, du *pranayama* et de la contemplation. Swami Sivananda et Swami Vishnudevananda faisaient souvent référence à la science de l'*Ayurveda*, mais il y a évidemment plusieurs systèmes occidentaux de végétarisme qui sont propices à la purification. Une forte odeur corporelle pendant les *asanas* ou dans un sauna est un signe clair que le corps a besoin de jeûner, mais des périodes de jeûne radical ne devraient être entreprises que sous le regard d'un médecin. Une solution sûre consiste à faire un jeûne à base d'eau chaude ou infusions légères une fois par semaine, et il vaut mieux faire cela dans une journée normale et pas trop chargée de la semaine. Le nettoyage de la langue et le neti devraient être pratiqués tous les jours matin et soir pour éliminer les toxines cumulées et les mucosités de la langue et des voies respiratoires.

La pratique régulière du yoga, le jeûne et les changements dans l'alimentation nous rendent plus conscients des fragilités cachées de notre corps – comme une tension artérielle ou un taux de cholestérol élevés, des mauvaises habitudes alimentaires, la peau sèche, le peu d'hydratation.

LE DÉTACHEMENT INTÉRIEUR ET LA MÉDITATION

En poursuivant la pratique du yoga, nous allons vivre un éveil spirituel intérieur. Probablement, 90% des personnes qui pratiquent le yoga ne le font pas pour des raisons spirituelles. Il faut comprendre que la spiritualité dans le yoga n'est pas liée à la tradition indienne uniquement. Il s'agit d'une spiritualité humaine universelle, la réalisation de la vérité intérieure à travers l'attitude de la méditation. C'est une expérience directe qui va au-delà de l'intellect.

Ces aspects mentaux du yoga sont du plus grand intérêt. Cela pourrait prendre plusieurs années avant d'arriver à les intégrer réellement dans notre quotidien, parce qu'au départ on pourrait ressentir de l'incompatibilité avec des croyances ou philosophies chrétiennes, juives ou autres dans lesquelles nous aurions été élevés.

Les techniques du yoga portent effectivement des noms orientaux, mais il n'existe pas de visée orientale ou de visée occidentale, il y a une seule visée : l'union du corps, du mental et de l'esprit – un but que nous commençons à comprendre petit à petit par la pratique personnelle. Le yoga accepte toutes les religions et en même temps offre plusieurs techniques pour permettre à la vraie religion d'exister, à savoir l'union du corps, du mental et de l'esprit. Le mot yoga signifie union, l'union de ce que nous croyons être et de ce que nous sommes vraiment.

Nous nous embarquons sur une longue voie intérieure avec d'innombrables questions, doutes, un esprit d'aventure, une agitation intérieure, des espoirs et beaucoup plus. Pendant un à deux ans la plupart des gens ne recherchent aucune des pratiques mentales du yoga. On pourrait écouter plein de conférences, apprendre plein de choses, sans réellement les absorber, puisqu'il n'y a pas de véritable intérêt de notre part. La conscience n'est pas encore ouverte à cela.

Mais un jour les questionnements intérieurs vont se réveiller. Nous serons alors prêts pour quelque chose de nouveau. Nous commençons à nous ouvrir à cette voie et maintenant nous sommes capables d'entendre vraiment la signification profonde du yoga.

LA PRATIQUE DU YOGA – L'ÉTAPE SUIVANTE

Disons que nous avons commencé par les *asanas* et le *pranayama*, que nous avons appris la relaxation profonde, que nous avons appris à rester immobile dans l'*asana* et que, maintenant, nous voulons aller plus loin. Swami Vishnudevananda dirait que l'étape suivante sur le chemin du yoga est tout d'abord de focaliser le mental et ensuite de devenir conscient des différents niveaux, ou couches, au sein de notre système physique, mental et spirituel, et d'apprendre comment les élever. Se concentrer veut dire se centrer, parce que la plupart du temps nous sommes à l'extérieur de nous-mêmes : nous cherchons, nous voulons ceci ou cela, nous sommes tiraillés entre tout type de sensations et par conséquent, nous devenons agités. Nous nous comparons aux autres, en nous disant : « De quoi ai-je l'air ? Est-ce que je suis assez mince, assez grand, assez riche, assez beau (belle) ? Est-ce que je suis à la mode ou pas ? Qu'est-ce que je vais manger ? Qu'est-ce que je ne vais pas manger ? Comment vais-je construire mon image ? ». Tout cela se trouve à l'extérieur de nous, donc la première chose dans le yoga – et il s'agit vraiment de notre tâche, à tous – est : comment concentrer le mental ? Comment atteindre le soi intérieur ? On ne peut le faire uniquement grâce à la force de volonté. La force de volonté est nécessaire, elle doit être là, mais elle doit être soutenue par la dévotion. Par dévotion ici j'entends quelque chose pour laquelle nous avons un intérêt, quelque chose à laquelle nous voulons nous consacrer. Cette attention doit être importante pour nous ; nous devons vouloir le faire, le trouver nécessaire pour nous-mêmes, voir qu'il y a un réel besoin de cela. Avec la seule force de volonté, la pratique s'assécherait très vite.

Au début tout est passionnant ! La connaissance est toujours passionnante, mais une fois que nous avons acquis cette connaissance sur le plan théorique, souvent ça devient plat. La force de volonté s'amoindrit aussi, ou alors nous devenons rigides et nous nous enfermons dans les règles et les normes en devenant critiques, moralisateurs et très durs.

Pour cela, l'une des prochaines étapes dans le yoga est de réaliser que la force de volonté à elle seule ne fera pas l'affaire. La connaissance et la pratique doivent être rafraîchies. Nous devons continuer à nous questionner et à vérifier : « Pourquoi est-ce que je fais cela ? Est-ce que cette routine est encore bonne pour moi ou est-ce que je dois l'adapter aux nouvelles circonstances ? ». Une fois que les ajustements nécessaires auront été apportés, nous consacrerons notre temps et notre attention pour aller de l'avant.

La volonté, la persévérance, l'intérêt – tout cela est très important, mais si on n'y ajoute pas l'humilité, le développement intérieur ne progressera pas. La vraie humilité vient de la dévotion et de la connaissance. L'humilité vient quand nous avons réellement compris que notre propre existence n'est pas la chose la plus importante ; mais plutôt, que nous sommes connectés à toutes les autres existences dans l'univers.

ABHYASA

Le terme *abhyasa* est généralement compris comme l'effort constant pour toujours se souvenir du vrai but de la vie. *Abhyasa* est une technique mentale qui doit être appliquée dans la vie de tous les jours. Trois termes sont fondamentaux dans cette pratique : *satya*, *ahimsa* et *saucha*. *Satya* signifie vérité ; *ahimsa*, non-violence ; *saucha*, la pureté. Ces thèmes sont traités aussi dans d'autres religions et sont considérés par Swami Sivananda comme les pratiques intérieures les plus importantes de l'*abhyasa*, qui devraient toujours être suivies et respectées.

D'après Swami Sivananda, la vérité ou *satya* doit préserver l'harmonie : il faut donc être attentif à ne pas violer le principe d'*ahimsa* par un strict respect de *satya* ; il vaut mieux ne rien dire que de blesser quelqu'un par un excès d'honnêteté. Cela était très important pour Swami Vishnudevananda, qui disait avec emphase : « Faites attention avec la vérité ». Nous ne devons pas faire du mal à autrui en proférant des mots qui répondent à la vérité. Un autre problème est que les mots pourraient être véridiques, mais en même temps être utilisés pour manipuler, comme dire « Oh, tu as très bonne mine » et penser en secret qu'on espère conclure une bonne affaire. *Patanjali Maharishi* affirme dans les *Raja Yoga Sutras* qu'une personne absolument sincère a un immense pouvoir parce que tout ce qu'elle dit est ou deviendra vrai – cela n'est évidemment pas un pouvoir que cette personne voudra utiliser pour son propre intérêt. Aujourd'hui en Inde les gens vont encore voir des saints en leur demandant : « Que deviendrai-je ? ». Si la réponse est « Tout ira bien » et s'il y a une croyance forte que la réponse vient d'un véritable saint, le postulant sera convaincu que tout ira bien. Très certainement, ce sera le cas, que ce soit parce que le postulant y croit fortement ou grâce aux pensées puissantes du saint – probablement, les deux. La parole d'une personne réellement sincère a un pouvoir incroyable. Si un pratiquant de yoga vous dit « essayez, le yoga fait du bien, c'est tellement utile dans la vie de tous les jours » et si vous savez que cette personne est honnête et sincère en pensée et en parole, vous le croirez.

La pratique de ce degré de vérité n'est pas si simple, à cause de l'ego. La timidité, par exemple, est une expression d'*asat*, « non vérité ». Un vrai maître comme Swami Vishnudevananda plaçait ses disciples au premier rang, pour que la timidité, qui n'est qu'une expression de l'ego, diminue lentement. La tendance commune est de penser : « Je ne veux pas faire d'erreurs, je veux être le meilleur ». « Être au premier rang » pouvait impliquer parler sur une scène ou chanter. D'après Swami Sivananda, « une personne timide n'aura pas de succès ». La personne qui est constamment en train de se cacher, de s'adapter et désirant vivre la vie avec le moins de problèmes possibles ne développera pas *satya*, la vérité.

Patanjali nous dit que les paroles d'une personne qui vit dans la vérité sont une réflexion de l'*atman*, le Soi, l'esprit, sat en sanskrit. Sat est le Soi, l'*atman*, et *satya* est la vérité, sans voiles, sans déguisement, qui vient directement de sat ou *atman*. Les *Upanishads* identifient la réalité comme ce qui est immuable, et ce qui est fini, qu'elles appellent asat, comme ce qui change, l'opposé de « vrai » ou « réel ».

Quand *satya* et *ahimsa* s'unissent, *saucha*, la pureté, en sera le produit final. *Saucha* est la pureté de l'énergie qui se dégage de *satya* et *ahimsa*. Une personne qui pratique *saucha* rayonnera la pureté, qui se reflétera dans son environnement. Plutôt que de nettoyer la maison ou de tout ranger juste avant l'arrivée d'un invité important, *saucha* est l'attitude qui consiste à garder un niveau élevé d'ordre et de propreté tout le temps. Bien sûr, *saucha* est plus que la propreté extérieure et le jeûne intérieur. Ça se développe avec l'expansion de la conscience qui dérive de la vérité et de la non-violence.

Les *Upanishads* affirment que la lumière, jyothi, est la vérité. Pensez à l'*arati*, le rituel dans lequel la lumière, qui vient de la réalité, est présentée avec un mouvement qui accompagne le chant des *mantras*. Cela nous aide à nous souvenir que cette lumière, cette vérité, est à l'intérieur de nous. De cette façon le rituel d'*arati* devient *abhyasa*, qui nous rappelle le but : « Je suis lumière. Je suis sat. Je suis cela ». La lumière des lumières, le réel du réel, le vrai but, *moksha*, la vérité.

Abhyasa signifie plonger profondément dans la structure de notre propre être. Swami Vishnudevananda donnait l'exemple d'un tissu densément tissé : il est difficile de le modifier. Il y a tellement de fils très fins et chacun devrait être remplacé afin de modifier le tissu. Swamiji disait que nous sommes aussi densément tissés. Pour nous transformer en quelque chose d'autre, dans un être différent, nous devons changer plein de fils. Il y a tellement à faire, et c'est cela *abhyasa*.

Le *Vedanta* affirme que notre vraie nature est sat-chid-ananda, existence absolue, connaissance absolue et béatitude absolue, et qu'*abhyasa* est le rappel constant que nous sommes plus que l'ensemble physico-psychologique avec lequel nous avons tendance à nous identifier en regardant dans le miroir. Cela aide si nous réfléchissons à combien chaque être humain change, tout le temps. Des photos prises il y a trente ans montrent une personne complètement différente. Si nous nous souvenons des pensées que nous avions à l'époque et à notre ressenti, nous nous rendons compte que le changement n'a pas été que physique. Alors que les couches qui recouvrent sat, l'âme, changent, sat ne change pas. Cela est un aspect très important dans le yoga : il y a quelque chose qui ne change pas. *Abhyasa* est la pratique de toujours avoir cet aspect à l'esprit, de ne jamais l'oublier.

TAPAS, L'AUTODISCIPLINE

L'obstacle principal que l'on rencontre sur la voie intérieure est le manque de discipline. Une fois que nous en sommes conscients, nous essayons de construire graduellement notre discipline personnelle. Swami Sivananda donne beaucoup d'exemples de comment faire cela de façon simple, par exemple à travers mauna, le silence ou discipline de la parole. Essayer de rester en silence quand on est seul n'est pas mauna ; mauna doit être pratiqué en plein milieu d'un emploi du temps chargé, et sans en faire une démonstration en épinglant un badge sur sa poitrine qui lit « Je suis en mauna ». Mauna signifie laisser les choses se développer sans interférence immédiate. C'est une méthode qui a fait ses preuves pour développer la vraie autodiscipline.

Ceux que l'on considère habituellement comme de l'autodiscipline sont, par exemple, le fait de se lever tôt parce qu'autrement on serait viré, l'entretien de la voiture pour éviter qu'elle tombe en panne ou le fait de maintenir son poids en mangeant modérément pour avoir une jolie figure et trouver un partenaire. Nous pourrions étudier des heures et des heures pour obtenir un diplôme qui nous permet d'obtenir une meilleure situation professionnelle. Dans ces exemples, il s'agit d'une discipline qui est due à la motivation personnelle et, du point de vue de l'évolution spirituelle, cela ne compte pas. L'autodiscipline signifie renoncer à quelque chose à l'intérieur, c'est une vraie renonciation, sans en attendre de résultat tangible excepté un niveau plus élevé de contrôle du mental. C'est une motivation complètement différente et qui est beaucoup plus difficile que le type de discipline qui mène directement à des résultats. Swami Sivananda suggère des techniques très simples : mauna pour une heure seulement, renoncer au sucre pendant quelque temps si nous avons l'habitude d'en utiliser (sans le remplacer par du miel ou d'autres édulcorants), renoncer à regarder la télé, écouter de la musique, lire les journaux ou simplement ne pas prendre d'appels téléphoniques à un certain moment de la journée. L'un quelconque de ces exercices aujourd'hui constitue *tapas* ou l'austérité. On remplace ces activités avec une petite session de yoga ou de méditation.

Lorsque nous essayons de le contrôler, le mental commence à agir de plein de façons différentes. Il semble intelligent, mais en réalité il est purement instinctif. Si l'on prête de l'intelligence à un animal parce qu'il sait instinctivement comment trouver sa nourriture et protéger son refuge, et qu'on dit « Oh, regarde, qu'est-ce qu'il est intelligent cet animal », on ignore le fait qu'il s'agit simplement d'instinct, le même instinct qui est aussi à l'intérieur de nous et qui se manifeste de manière rusée une fois que nous essayons de maîtriser le mental. Reconnaître nos propres instincts fait partie de la connaissance de soi et nous permet de les sublimer progressivement sans aller jusqu'à l'extrême de la répression, en maintenant ainsi notre calme intérieur et en évitant tout état révolutionnaire. Si nous allons aux extrêmes, une révolution se crée à l'intérieur et nous serons obligés de tout recommencer dès le début. Cela arrive facilement si nous ne sommes pas bien formés et suivis et que nous essayons d'avancer trop vite à cause du manque de conseil avisé.

Le *tapas* ou autodiscipline doit être appréhendé attentivement, graduellement et de façon respectueuse de nos capacités personnelles. C'est comme prendre un bain chaud : nous devons vérifier la température de l'eau avant de plonger dedans. Après avoir vérifié la température, nous allons peut-être ajouter de l'eau chaude ou froide, et seulement après cela, nous allons rentrer dans la baignoire. Cela s'applique à tous les exercices de renonciation. Ne renoncez pas à tout en une seule fois : par exemple, plus d'alcool, de viande ou de poisson ; ne manger que des salades ; pratiquer des *asanas* deux à trois heures par jours ; se lever à cinq heures du matin et méditer à six heures et puis aller au travail. Bientôt vos collègues vont vous regarder et vous dire : « Qu'est-ce qui se passe ? Tu as un regard absent. Tu es pâle. Qu'est-ce qui se passe ? ». Vous répondrez : « Oh, je pratique le yoga » et à eux de penser : « Ah, voici un autre fanatique. Il a dû tomber dans une secte ».

Une pratique bien équilibrée peut être basée sur les cinq points du yoga de Swami Vishnudevananda : exercices appropriés (*asana*), respiration appropriée (*pranayama*), relaxation correcte (sava*sana*), alimentation correcte (végétarienne), pensée positive et méditation (*vedanta* et *dhyana*).

Pratiquez les *asanas* et le *pranayama*. Apprenez à vous détendre devant tout événement stressant à travers le détachement. Prenez du temps pour soigner votre alimentation, surtout si vous êtes débutants.

Finalement, la pensée positive vous mènera à la méditation ; la répétition d'un *mantra* est un outil formidable pour cela.

De cette façon, votre *tapas*, votre autodiscipline, sera établie – vous déciderez de persévérer et d'avancer sur la voie intérieure.

ÉLEVER LE NIVEAU VIBRATOIRE

Le yoga permet un développement à 360 degrés. Nous allons nous transformer si nous pratiquons. Notre individualité a été formée en développant l'ego et en observant les différences : vieux/jeune, masculin/féminin, quelle nationalité, etc. Cette individualité disparaît quand le niveau vibratoire de notre être augmente.

Il y a plusieurs façons d'augmenter notre niveau vibratoire : tout d'abord, par la pratique d'*asana* et *pranayama*, on s'occupe du volet physique. Nous pouvons en faire l'expérience très facilement, car nous nous sentons mieux, en meilleure santé, avec plus de vitalité et plus de souplesse si nous avons plus de maîtrise sur notre instrument physique. Nous nous sentons très libres, très heureux. Pour augmenter le niveau vibratoire de la couche physique, nous devons pratiquer *asana*, *pranayama*, manger une nourriture saine végétarienne, éviter des substances telles que l'alcool, les cigarettes, les drogues, le café, le thé noir, l'ail, les oignons, les champignons ou les œufs. Swami Vishnudevananda recommandait de passer du temps dans un *ashram* ou un centre de yoga – une année, par exemple – pour apprendre et pratiquer le style de vie yogique, afin d'élever le niveau vibratoire et être capable de le maintenir dans la vie de tous les jours.

Il est relativement facile d'augmenter le niveau vibratoire physique et vital à travers *asana* et *pranayama*. La plupart des gens qui ont appris ces pratiques en ont fait l'expérience. Augmenter le niveau vibratoire de la couche mentale est un très grand pas. Ici le manque de temps ne peut être évoqué comme excuse. Pour les *asanas* et le *pranayama* nous avons besoin d'un peu de temps : une demi-heure, trois quarts d'heure. Mais pour élever le niveau du mental nous n'avons pas besoin de prendre du temps supplémentaire : c'est du travail qui se fait en parallèle.

C'est ce que Swami Vishnudevananda espérait pour le monde : il disait que cela amènerait la paix dans le monde si le niveau vibratoire du mental, qui est le siège des émotions, s'élevait, tandis que les niveaux les plus bas tels que les désirs, la colère, l'avidité, la haine, la jalousie, l'envie et la peur régresseraient. Swami Sivananda l'a aussi introduit dans la Prière Universelle, afin que nous ne l'oubliions pas. Il n'est pas aisé de travailler avec ces caractéristiques. Cela demande de faire face à notre habitude à réagir aux circonstances extérieures et de nous demander : « Est-ce que je vais résoudre mes problèmes grâce à la colère, la peur, la jalousie et ainsi de suite ? Comment j'ai vu mes parents, amis et enseignants régler les problèmes ? Est-ce que les problèmes étaient résolus dans la paix ? Dans la colère ? Est-ce que ces problèmes étaient cachés, balayés sous le tapis ? ». On pourrait aller voir un psychologue, ou on peut simplement suivre les enseignements du yoga, le chant, utiliser un *mantra*, un mala, et surtout : vivre dans un environnement favorable, en relation étroite avec des personnes qui traversent le même processus de purification, ce qui va ouvrir le couvercle de votre propre poubelle. Il est assez difficile d'augmenter le niveau vibratoire du mental, mais c'est indispensable sur la voie intérieure. Nous devons devenir conscients des déchets mentaux que nous transportons, qui ne sont la responsabilité de personne d'autre que nous et que nous devons gérer. Le chant est tellement utile et nous pouvons choisir n'importe quelle mélodie qui élève le niveau vibratoire. Nous pouvons utiliser les chants en sanskrit, et aussi bien sûr des chants d'autres traditions. Et lorsque nous prions, nous utilisons des affirmations. Le niveau mental doit être élevé et c'est cela le sens du chant, de la répétition de *mantras*, des *pujas*, de la sainte messe, de toutes les cérémonies religieuses et de la lecture de textes spirituels. Nous pouvons lire quelques vers tous les matins pour nous en souvenir et nous focaliser dessus dans la journée.

À partir du niveau mental nous pouvons avancer vers le niveau intellectuel. Le niveau mental ne doit pas nécessairement être complètement nettoyé ; en revanche, il doit être observé avec attention et nous devons en tenir les rênes avec détermination. Le niveau mental ne doit pas être négligé ; sinon, si le niveau intellectuel est trop développé et le niveau mental pas assez, l'ego croît et nous deviendrons égoïstes et cérébraux, pensant que tous les autres sont bêtes et pas cultivés. Là aussi, le *Karma yoga* peut aider. On pourrait nous mettre dans des situations dans lesquelles nous ne sommes pas des experts et où nous sommes quasiment sûrs de commettre des erreurs. Cela va nous rendre plus compréhensifs avec les faiblesses d'autrui, nous allons moins les juger parce que nous aurons été dans la même situation. Ceux que l'on appelle les sages ont véritablement réfléchi à leur vie et acceptent maintenant l'erreur ; ils sont humbles, patients, ils ont des principes, mais ne sont pas rigides. Ils sont purifiés mentalement et ils utilisent leur intellect pour demander : « Qui suis-je ? Suis-je le corps ? Suis-je le mental ? Suis-je mes émotions ? ». La réponse à cela est : « Neti, neti. Je ne suis pas ceci, je ne suis pas cela ».

Souvent, nous passons d'abord par la philosophie, avant de commencer la pratique. Même si c'est possible, les résultats seront moins efficaces. Il faut que l'étude s'accompagne de la purification des niveaux physique, mental et intellectuel.

Finalement, on en arrive à la dernière couche : la couche de la béatitude, *ananda*, que nous utilisons juste un petit peu dans le sommeil profond quand nous rentrons dans ce niveau énergétique, en nous détendant complètement et en nous identifiant complètement avec le Soi. Le sentiment de paix que nous pouvons retirer d'actions sans motivation personnelle, du partage ou d'actes de charité provient de la connexion avec cette couche de béatitude. Le vrai *Karma yoga* est accompli par amour et dévotion – nous donnons quelque chose de nous-mêmes. Les sociologues qui ont réalisé des études sur le bonheur ont découvert que le bonheur – qu'il s'agisse de gens riches ou pauvres – dure plus longtemps si on a donné quelque chose. Il peut s'agir d'argent, de temps ou de biens matériels. Nous tombons souvent dans le piège d'essayer d'acheter le bonheur, de posséder des choses matérielles. Le yoga dit que le bonheur, le bonheur qui perdure, peut être atteint et peut être ressenti sur le niveau de la béatitude, *ananda*, quand nous partageons notre temps, nos possessions et notre amour avec d'autres. C'est bon pour la société et c'est bon aussi pour la couche de béatitude, qui est la couche la plus difficile à élever parce qu'elle est nichée très profondément, près de l'âme. C'est l'amour inconditionnel qui active et élève ce particulier niveau vibratoire.

DE L'ACTION À LA MÉDITATION

On peut dire beaucoup de choses au sujet de la méditation, et de façon très abstraite. Swami Sivananda et notre guru direct, Swami Vishnudevananda, étaient des gurus très pragmatiques. Ils donnaient toujours des explications très pratiques ; par exemple, en disant que le

Karma yoga est le marchepied pour *dhyana*, la méditation, tel que cela est expliqué dans les *Upanishads*.

Pour que nous devenions capables de pratiquer la méditation pendant longtemps, pour garder le mental immobile durant la méditation, nos actions doivent être établies dans le yoga. Il est erroné de penser qu'il suffit d'avoir un endroit tranquille, de pratiquer quelques *asanas* et puis s'asseoir et méditer. Le mental ne va pas coopérer. Le mental doit véritablement être préparé pour la concentration profonde. On pourrait avoir un objet de méditation, de la bonne volonté, le bon endroit, et pourtant, le mental n'obéira pas. On doit apprendre au mental à obéir, en faisant des choses qu'il n'aime probablement pas faire. Ici entre en jeu le *Karma yoga*, où l'on pourrait nous demander d'aider à faire quelque chose tout de suite, une chose dans laquelle nous ne sommes pas très bons. Vous allez devoir lâcher prise : « Oui, je vais servir maintenant, en faisant tout ce que Dieu veut que je fasse ». Ce n'est pas facile, mais c'est un marchepied vers la concentration. L'ego en résulte purifié ; nos préférences et aversions seront purifiées et au final toute notre attitude vers la vie va changer. L'action sans motivation personnelle purifie le mental parce qu'on ne peut pas penser « moi et le mien », ce qui occupe toutes nos pensées la plupart du temps. C'est l'ego qui ne permet pas la concentration. Le mental est toujours tiré vers l'extérieur et nous savons, grâce au *Raja Yoga*, que la première étape vers la méditation profonde est *pratyahara*, le retrait des sens et du mental.

Afin de méditer réellement, le pratiquant doit conquérir le mental inférieur au moins dans une certaine mesure. Cela peut être pratiqué en introduisant des pensées sur Dieu ou sur le Soi dans le mental tout en exécutant différentes activités. Le mental inférieur a tendance à nous impliquer dans « moi et le mien », des activités ego-centrées, des pensées ego-centrées, *raga-dvesha* ou préférences et aversions, jalousie, envie et peur. C'est ça qu'on appelle le mental inférieur, qui est fortement connecté au mental subconscient et qui est lié à tout ce que nous avons fait et pensé dans le passé. Nous essayons de conquérir ce mental inférieur par le biais du mental supérieur, en pensant à Dieu, en cultivant l'absence d'égoïsme, le courage, l'amour, le lâcher-prise, le pardon et – ce qui est le plus difficile – en permettant aux autres d'être eux-mêmes sans chercher à les changer dans des êtres qui seraient plus à notre goût.

Les efforts pour élever le mental et développer le mental supérieur demandent beaucoup d'énergie, beaucoup de *prana*, mais au final le mental supérieur va se développer et il sera rempli de ce que nous appelons le *sattva*, la pureté. Une fois que le yogi aura conquis le mental inférieur et les sens – c'est à dire, la vie des habitudes – le mental sera plus équilibré et pacifié sous toute condition. L'action est la meilleure pratique pour cela.

L'essence de la *Bhagavad Gita* est l'action. Comme Sri Krishna le dit à Arjuna : « Tu ne dois pas faire ce que je te dis de faire, mais tu dois réfléchir à ce que tu veux faire. Tes actions auront des conséquences ; mais l'inaction aussi aura des conséquences ». C'est notre choix. L'inaction n'est pas un bon choix, parce que si nous n'agissons pas, nous n'évoluerons pas. À travers l'action nous pouvons nous corriger. C'est merveilleux si on peut pratiquer avec un maître, en ayant son modèle juste devant nous. On a juste à agir. On ne peut rester immobile. Par l'action on pourrait aussi se rendre compte qu'on n'est pas aussi parfait moralement que ce qu'on aurait pu le croire. On pourrait apprendre plein de choses intellectuellement, mais intégrer ces choses dans son caractère est une autre histoire. Cela ne peut être fait que par l'action en pratique. On observe de la peur ou peut-être de la jalousie. On voit les *gunas* à l'œuvre : *tamas*, *rajas*, et *sattva* – l'inertie, l'activité, la pureté. On n'a donc pas besoin de demander à quelqu'un : « Tu peux me dire comment je suis ? ». On le voit et on le ressent directement. Les autres agissent aussi, nous avons donc un miroir parfait en face de nous.

Le mental passe donc par tout cet entraînement. Cela pourrait prendre des années. On pratique la méditation tout en s'entraînant. Le mental n'est peut-être pas encore prêt pour la méditation profonde, et il a encore ces associations typiques du mental inférieur, comme : « Est-ce je suis en train de méditer ? Je ne suis pas prêt pour cela. Mes genoux me font mal. Je viens de m'assoupir. Est-ce que ça vient ? Où est cette énergie qui est censée monter en moi ? ». Le mental inférieur est toujours en attente de quelque chose ; il est très *rajasique*, très exigeant. À un niveau plus mature, le mental est exigeant spirituellement, mais encore exigeant, et cela détruit la concentration, la paix et donc l'énergie subtile qui est censée nous élever au-dessus de nos schémas de pensée habituels. Quand le mental n'est pas influencé par les préférences et les aversions ou *raga-dvesha*, la force intérieure, le Soi, l'immobilité intérieure peuvent être réalisés. Dans cet état le mental ne demande rien, il est absolument inconditionné par toutes les choses qui arrivent autour de nous, et donc, prêt pour la méditation.

SE CONNECTER À LA SOURCE D'ÉNERGIE

D'habitude on considère que l'intelligence est liée à la pensée, mais la véritable intelligence va bien au-delà de la pensée, y compris de la pensée logique – elle n'est pas illogique, elle est au-delà de la logique. Une façon simple de la décrire serait de dire qu'elle est comme le silence. Mais pendant combien de temps sommes-nous capables de rester en silence sans penser ? C'est difficile d'être un témoin silencieux, rien que pour quelques secondes. Il est dit que și on est capable de se concentrer pendant douze secondes on a atteint dharana, un état de concentration très élevé. Même si nous ne sommes capables de concentrer le mental que pour quelques secondes, cela nous donne des heures d'énergie, plus que l'énergie que nous retirons de huit heures de sommeil. En réalité, l'essence de toutes les techniques de yoga est d'essayer de puiser dans la source d'énergie – Dieu, ou tout autre nom que vous voudrez donner à cela – pendant quelques secondes ou plus si possible, vu que rien que quelques secondes nous laissent déjà rajeunis, rafraîchis. À mesure que nous augmentons le temps de la concentration, nous serons davantage renouvelés : c'est cela le secret des maîtres. Si l'on observe la vie de Swami Sivananda, on a la sensation que la quantité de travail qu'il arrivait à produire n'était pas humaine. Quel était donc son secret ? Il était connecté à la source d'énergie.

Cela a des effets sur notre corps. Ça a des effets sur notre cerveau. Ça a des effets sur toutes nos cellules. Ce n'est pas quelque chose qui se passe à un niveau supérieur, déconnecté du corps physique. Pas du tout – ça se passe maintenant, dans notre ADN. Il y a un alignement avec la source d'énergie. Tout vibre à ce niveau d'énergie très élevé. Tout est harmonieux et on se sent incroyablement bien. Peut-être qu'on ne sera pas capable de maintenir cet état pendant longtemps. Bientôt le mental va retourner à des émotions et des pensées moins harmonieuses et le corps aussi retournera à un état moins harmonieux, car il y a une réaction immédiate dans chacune de nos cellules à tout ce qui se passe dans notre conscience. On serait capable de guérir plus vite si on pouvait juste se réaligner avec cette énergie cosmique, cette source d'énergie.

Nous sommes en train de parler d'un état dans lequel il n'y a pas de projection du mental, où il n'y a aucune attente, même pas du silence, parce que l'attente du silence n'est pas le silence. C'est un état de manque total d'attente, de non-projection, juste le ressenti de la présence de notre propre Soi. Il est très beau de ressentir cette source d'énergie, cette source de béatitude et l'expérience que « Je suis la source de béatitude ».

Swami Sivananda a écrit quelques beaux poèmes sur cet état, dans lesquels il décrit son expérience d'être au-delà de la joie la plus élevée qui puisse être imaginée par notre mental, dans un état de grâce absolue. Il dit qu'on ressent de l'amour absolu et inconditionnel, de l'acceptation inconditionnée. On ressent : « Mon Dieu, comment puis-je être digne de cela ? » avant de réaliser : « Je suis digne de cela parce que je suis Dieu ». Quand vous avez fait l'expérience de cet état, ne serait-ce qu'un tout petit peu, vous allez ressentir : « Ok, je peux faire face à beaucoup de douleur et de souffrance et de maladie parce que cela existe. Je ne sais pas à quel moment je vais en refaire l'expérience, mais juste de savoir que la possibilité existe est suffisant pour me donner la force de continuer ».

Parfois c'est comme cela dans la vie : quelques secondes nous permettent d'aller de l'avant pendant une année ou plus, parce que c'était tellement beau, tellement au-delà de toute attente et au-delà de tout ce qu'on avait vécu jusque-là.

LE BONHEUR

Tout le monde veut trouver le bonheur. On ressent qu'il manque quelque chose, qu'il y a un vide, et on essaye de le combler avec des soirées mondaines, de l'alcool, de la nourriture, des choses qui sont à la portée de la plupart des gens. Mais la question reste : « Comment devenir heureux ? ». Certains pensent que ça dépend de la richesse, du pouvoir ou de la beauté. Et ça continue comme ça. On ne cesse pas de rechercher cette expérience de bonheur dans tout ce que l'on fait, y compris le yoga. Mais le yoga est un système qui nous dit que le bonheur doit être trouvé à l'intérieur, non pas à l'extérieur.

L'une des nombreuses histoires qui illustrent cette idée est l'histoire d'une vieille dame qui retouche ses habits. Sa vue est faible et à un moment donné son aiguille tombe. Elle cherche l'aiguille partout, et au final elle se retrouve à chercher l'aiguille devant sa maison. Un voisin s'approche et lui demande :

« Qu'est-ce que vous cherchez ? »
« Oh, j'ai perdu mon aiguille. J'étais en train de coudre et elle est tombée de mes mains. »
« Où est-ce que vous l'avez perdue ? »
« Dans la pièce où j'étais en train de coudre. »
« Et alors pourquoi la cherchez-vous à l'extérieur ? »
« Parce qu'ici il y a plus de lumière. »

C'est aussi notre histoire. L'aiguille symbolise le bonheur que nous avons perdu à l'intérieur de nous-mêmes. Et où est-ce que nous le recherchons ? Dans le matérialisme, les promesses, le pouvoir, les relations et ainsi de suite. Nous pouvons chercher le bonheur à l'extérieur autant que nous le voudrons : nous ne le trouverons pas. Nous devons revenir à notre voyage intérieur. Dieu nous a donné tous les outils pour cela : un corps physique qui nous permet de faire des choses ; un corps éthérique, qui est très sensible et plein de lumière ; et nous avons un troisième corps qui est le siège du bonheur intérieur. Donc il y a plusieurs niveaux à comprendre. Chacune des quatre voies du yoga se concentre sur l'une de ces couches que nous devons comprendre : le *Jnana yoga* se concentre sur le système intellectuel ; le *Bhakti yoga*, sur le système dévotionnel ; le *Raja yoga* explique le fonctionnement du mental et le *Karma yoga* explique l'attitude appropriée pour l'action et le service. Tous ces chemins vont ensemble et, en dernière instance, tout est une question de *prana*, d'énergie. Une fois que nous devenons conscients qu'il y a une énergie très subtile dont nous pouvons faire l'expérience, nous avons commencé la recherche intérieure. Les choses que nous voyons de nos yeux physiques perdent lentement de leur attrait parce que nous avons compris que tout ce qui est fait des éléments de la matière disparaîtra un jour. Par conséquent, si nous mettons tout notre intérêt et toute notre énergie dans quelque chose qui se transforme à chaque instant, il est juste question de temps avant que l'infélicité s'insinue ; nous sommes en train de chercher l'aiguille à l'extérieur.

Dans son livre La puissance de la pensée, Swami Sivananda explique que ce que nous voyons au niveau matériel a son origine dans nos pensées. Nous sommes venus au monde nus, sans rien. Maintenant nous sommes tous différents. Notre mental a créé ces variations. La pensée est une force formidable. Des systèmes tels que le yoga nous apprennent à travailler avec notre mental, parce que nous avons le pouvoir de changer la réalité, de changer nos pensées, pour commencer. Les pensées sont la matière ; autrement nous ne pourrions pas les changer. Elles sont très subtiles, mais il s'agit toujours de matière. Une pensée a de l'énergie, une taille, une forme ; elle a une couleur, une qualité, une substance et elle a du pouvoir. Les pensées peuvent être vues sur les visages des gens. Les pensées positives rayonnent et rendent le corps énergétique très vaste. Des pensées négatives telles que « Je ne suis personne, je ne sais rien faire » nous rapetissent ; elles nous rendent malheureux.

Bien que nous ne soyons pas prêts à le croire au début, une fois que nous avons entamé la voie intérieure nous ressentons que cette connaissance qui est à l'intérieur de nous se déploie, que nous ne sommes pas ignares, au contraire, que nous sommes nés dans la connaissance complète de notre nature. Toutes les voies intérieures sont une découverte de cela. C'est comme peler un artichaut : on ne pourrait jamais imaginer qu'à l'intérieur de ce truc épineux il y a quelque chose de doux avec un goût délicieux – joli, jaune et juteux. De la même façon, à l'intérieur de nous il y a cet immense trésor, le bonheur, mais nous sommes coincés à l'extérieur avec cette enveloppe piquante et nous nous attendons à ce qu'elle nous rende heureux. Swami Sivananda dit : « Vos pensées créent votre vie. Vos pensées vous rendent forts. Vos pensées vous amènent la réussite ». Pensez que vous êtes forts et vous allez devenir forts. Chaque nuit, avant de vous endormir, vous pouvez penser : « Je suis fort. Au plus profond de moi-même il n'y a que le bonheur. Je deviens fort. Je suis courageux ».

Les *asanas* nous renforcent parce qu'elles débloquent l'énergie du corps astral. C'est le message merveilleux des Hatha yoga *asanas* ; c'est un message spirituel qui n'a rien à voir avec l'aspect physique. On pratique les *asanas* et on se sent confiant. Le corps astral se développe et les pensées deviennent pures. Pendant la relaxation finale, nous avons fait l'expérience du lac tranquille, de la lumière et de *OM* et grâce à cela, nous n'avons pas pensé à nos mari, femme, enfants, argent, maison, bus, voiture. Nous nous apercevons que ce n'est pas le monde extérieur qui nous rend heureux ou malheureux. Le *Jnana yoga* appelle cela *maya* – l'illusion, le changement continu, qui n'est qu'une perception.

Ce que nous devons donc faire pour trouver le vrai bonheur est de transformer la négativité en positivité : « Je suis fort », « Je suis courageux », « Je peux le faire », « J'ai le bonheur en moi ». Nous gagnons en force par ces répétitions, en occupant complètement le mental avec ces affirmations, y compris pendant nos activités quotidiennes comme conduire la voiture, travailler, faire la cuisine, marcher dans la rue. Nous devons constamment tenir les rênes des cinq chevaux, les sens, qui nous tirent dans toutes les directions. L'activité globale de tenir les rênes est ce qu'on appelle *sadhana*.

La philosophie du *Vedanta* l'appelle *viveka* : le discernement entre ce qui nous amène le bonheur et ce qui ne nous l'amène pas. Au début c'est juste une théorie, mais plus tard nous devenons des pratiquants. La pensée profonde, intense, est nécessaire, avec l'assistance des maîtres. En réalité, personne d'autre ne peut nous donner la félicité. Nous sommes arrivés seuls et nous repartons seuls. Ce qui se passe entre ces deux moments est le chemin spirituel, la *sadhana*, qui nous donnera la force spirituelle intérieure. Et alors nous trouverons cette aiguille, le Soi qui est en nous, cette félicité, cette béatitude.

LE DHARMA

Le *dharma* est la loi universelle de la voie. Swami Sivananda dit que le *dharma* est l'essence de la vie et qu'il est au-delà de la religion. Les religions enseignent le *dharma*. Elles enseignent certaines règles, certaines lois de la vie. Si vous pouvez suivre ces règles, dans la terminologie chrétienne vous êtes au-delà du pêché. Dans le yoga on considère que vous êtes au-delà du *karma*. Quelle que soit votre religion de référence, la promesse est qu'en suivant les règles vous vivrez une vie plus heureuse, plus sereine.

Le mot *dharma* signifie « loi ». Le *dharma* est un concept très important, commun à toutes les philosophies indiennes. Dharma indique l'ordre naturel des choses, un ordre qui n'est pas créé par l'homme. Parfois nous essayons de contrôler la nature. On tire des roquettes contre les nuages pour qu'ils n'interfèrent pas avec des événements importants comme les J.O. Mais c'est une interférence avec les lois de la nature, et par conséquent, il s'agit d'*adharma*, ce qui est contraire à la loi. La souffrance en sera la conséquence : la pluie qui n'a pas pu tomber quand elle aurait dû le faire descendra avec une force redoublée à un autre moment, en causant des ravages.

De même, dans notre propre vie, nous savons, au plus profond, quel est le *dharma*, quelle est la loi. Mais nous mangeons excessivement, *adharma*, ou pas assez, *adharma*. Manger les bons aliments c'est *dharma* pour le corps. Très souvent nous sommes fatigués de toutes les règles et nous les transgressons, mais après nous souffrons, en nous sentant mal et découragés.

Selon les *Vedas*, si nous vivons selon le *dharma*, nous atteindrons vite la libération ou *moksha*. Le *Rig Veda* explique qu'il y a un pouvoir derrière chaque chose, une justice naturelle et une harmonie qui se répandent dans l'univers et que les animaux et les êtres humains connaissent instinctivement. Malheureusement, comme nous avons l'intellect et le libre arbitre nous essayons d'outrepasser les règles naturelles et l'harmonie naturelle. Le *Rig Veda* appelle le pouvoir qui est derrière tout : *shakti*. La tradition *bhakti* l'appelle Dieu. Dans le *Rig Veda* on lit : « O Indra, amène-nous sur le chemin de l'ordre naturel, sur le bon chemin, loin du mal », où le mal est un symbole d'*adharma*.

Une autre *Upanishad* dit : « Le *dharma* est le premier principe universel qui a son origine en *Brahman*. Le *dharma* agit comme un régulateur. C'est le principe moral de l'univers de sat, de la vérité ».

Le *dharma* en soi n'est pas compliqué. Ce qui le rend compliqué ce sont les *raga-dvesha*, nos préférences et aversions ; nous voulons aller à l'encontre de ce qui est, au lieu de l'accepter. La Brihadaranyaka *Upanishad* dit : « En réalité ce qui est *dharma* est vérité. C'est pourquoi on dit de l'homme qui dit la vérité, qu'il dit le *dharma* ».

Dans la *Bhagavad Gita*, Sri Krishna dit simplement à Arjuna : « Tu dois aller au combat », à quoi l'ego d'Arjuna répond : « Pourquoi devrais-je me battre ? Je ne veux faire de mal à personne. Je suis le roi. Je suis responsable devant mon peuple. Je veux me retirer. Pourquoi devrais-je faire cela ? ». Et Krishna de répondre : « C'est ton *dharma*. Tu es né pour être roi, guerrier. Tu es né pour protéger ton peuple, il est donc ton devoir de le protéger ». Il est très dur d'accepter cela – le mental ne veut pas accepter ce point.

Dans la tradition indienne il y a quatre *ashrama*s, quatre phases na-turelles de la vie : brahm*acharya* (*préparation*), grihasta (la vie de famille, la vie en société), vanaprasta (une fois que la vie de famille est terminée, les enfants sont devenus adultes, on se prépare philosophiquement et re-ligieusement pour le départ de la vie) et sannyasa (le renoncement). Voici ce que disent les *Vedas* pour les quatre phases : le *dharma* doit être le but. Le *dharma* est le chemin vers la bonne conduite. C'est vraiment cela. Tout le monde, dans chaque phase de la vie, doit vivre dans le *dharma*.

Quand on regarde la vie aujourd'hui, on voit que nous sommes loin du *dharma* et que nous devons faire attention à ne pas nous faire tirer vers le bas, vers l'*adharma*. Nous ne pouvons pas changer le monde. Le monde suivra son chemin, mais dans notre petit monde à nous, nous pouvons vivre le *dharma*.

Le *dharma* et le *karma* sont très proches : si on vit cette vie dans le *dharma*, notre *karma* pour la prochaine vie sera plus doux, moins doulou-reux. Cela a un sens si l'on croit à la réincarnation. Si vous n'y croyez pas, pensez juste à cette vie-ci : si vous vivez dans le *dharma*, ce qui n'est pas toujours facile, la vie sera plus douce et plus tranquille, parce que vous ne devrez pas vous cacher, vous n'aurez pas à être avide, vous pourrez accepter les choses telles qu'elles sont. Évidemment, si vous vivez dans le *dharma* le mental est calme.

Il est vrai aussi que souvent nous tenons les autres pour respon-sables de notre propre *adharma* : par exemple, si je mange du pain avec de la levure parce qu'il a un bon goût et que je suis faible, tout en sachant parfaitement que je ne peux pas digérer la levure, je pourrais en vouloir à la personne qui l'a mis dans mon assiette. Mais c'est moi qui l'ai mis dans ma bouche pour ensuite me sentir mal et avoir des troubles d'estomac ; c'était de l'*adharma* contre mon propre corps.

Le *Manu Smriti* est l'une des écritures les plus importantes sur le *dharma*. Il donne dix règles pour définir le *dharma* : la patience, le pardon, la maîtrise de soi, l'honnêteté, le contrôle des sens, la raison, la connaissance, la vérité, l'absence de colère, la pureté du corps et de l'es-prit. Ces lois dharmiques ne valent pas que pour les individus, mais aussi pour la société en général. Ici Swami Sivananda affirme que tant qu'on est humain, on échouera et on commettra des erreurs. C'est pourquoi le système d'enseignement gurukula est aussi précieux, parce qu'il nous permet d'être constamment en contact avec les enseignements. Bien sûr, l'objectif est la perfection, mais nous pouvons nous améliorer seulement par la pratique. En faisant des erreurs, en échouant dans l'activité, nous pouvons nous corriger ; et nous pouvons cultiver la compassion pour les autres êtres humains qui aussi échouent et commettent des erreurs.

Nous allons faire l'expérience de la paix, de la joie, de la force et de la tranquillité si nous vivons dans le *dharma*. L'*adharma* nous fait sentir déprimés, irritables, en colère, misérables, souillés, pas lucides. Dans l'*adharma* nous ne pourrons même pas profiter de la nature ou d'un beau morceau de musique ; nous avons besoin du *rajas* et/ou du *tamas*. Mais si nous établissons notre vie dans le *dharma*, le *sattva* sera présent et notre vie sera agréable. Il y aura de la discipline accompagnée de la compréhension.

Le grand philosophe *Shankaracharya* a affirmé qu'aucune religion ne vous dira de vivre comme cela vous plaît, selon vos préférences et aversions. Certaines personnes quittent leur religion et commencent à pratiquer le yoga, sans savoir que le yoga aussi a un *dharma*. Swami Vishnudevananda disait : « Pratiquez votre propre religion ! Vous pouvez continuer à suivre votre propre religion tout en pratiquant le yoga ». Mais vous devez suivre les règles des écritures, des *Vedas* – il n'y a pas d'échappatoire. Aucune religion ne vous enseignera à vivre selon vos *raga-dvesha*, vos préférences et aversions. On voit ce qui se passe quand les gens pensent uniquement à eux-mêmes. On voit des familles éclater parce que personne ne veut suivre de règle et on se demande : où sont la patience, la compassion, la pureté, l'amour, l'honnêteté ? Tout est parti !

Le *dharma* est une couche protectrice, les *Vedas* nous disent, et nous avons de grands exemples de visionnaires et saints qui ont vécu dans ce *dharma* : Saint François d'Assise, Gandhi, Sivananda, Thérèse d'Avila, Jésus et Bouddha par exemple. On pourrait penser : « Oh, je ne suis pas prêt pour cela ! ». Mais nous pouvons commencer par de petits pas et puis construire, comme un maçon, qui arrive à construire un mur entier en posant une brique après l'autre. De la même façon, notre maison dharmique intérieure doit être construite brique après brique, avec patience et persévérance. D'abord il doit y avoir le désir pour cela, puis nous devons apprendre comment s'y prendre pour construire et puis nous saurons ce que nous devons faire. Et là surgit le gros problème : nous devons mettre la théorie en pratique. À ce moment-là nous allons peut-être ressentir de l'ennui. Nous pensons savoir ce que nous devrions faire, mais nous ne voulons pas le faire, et nous sommes tentés de nous tourner vers autre chose. Nous commençons à construire une autre maison. C'est comme excaver pour chercher de l'eau. L'eau est là-bas, au fond, ça on le sait, mais on creuse et on creuse et il n'y a pas d'eau. Donc on commence à creuser deux mètres plus loin. À nouveau, pas d'eau. Au final, nous avons dix trous et toujours pas d'eau. Si on avait excavé suffisamment en profondeur la première fois, on aurait trouvé l'eau. La même chose est vraie de la pratique du *dharma*. Ne renoncez pas aux premiers échecs. Persévérez. Vous allez réussir.

TRUE WORLD ORDER
(LE VÉRITABLE ORDRE DU MONDE)

Dans les années 1970, Swami Vishnudevananda a introduit l'idée du True World Order, ou T.W.O..

Swamiji a utilisé cette idée dans tous ses logos et textes et il en parlait aussi, souvent. C'était dans tous ses enseignements, dans sa vie, dans son attitude vis-à-vis du yoga, vis-à-vis du monde et vis-à-vis de la société. L'idée qu'il avait à l'esprit était de former les décideurs aux valeurs du yoga : voilà qui est le sens du Teacher Training Course, la formation de professeur. L'intention n'était pas d'en faire une profession ou de gagner beaucoup d'argent, mais de former des gens. De fait, d'une façon ou d'une autre, nous sommes tous des décideurs ; par exemple, dans notre travail, en famille, en tant qu'enfant, mari, ou épouse. Tout le monde est, d'une manière ou d'une autre, un décideur dans sa propre communauté. Swamiji pensait que si on formait les gens au yoga, il y aurait paix et tranquillité dans le monde. Quand cette paix et cette tranquillité font défaut, il y a des guerres, des conflits, de l'agitation dans le mental qui est projetée sur ceux qui nous entourent. Cette agitation peut se transformer en guerre.

Swamiji disait que le T.W.O. devrait nous rappeler que nous vivons tous ensemble sur cette planète Terre. Nous sommes des voyageurs galactiques accrochés à cette boule, protégés par l'oxygène. Swamiji a essayé de nous faire oublier l'idée que « Je suis catholique, je suis protestant, je suis juif, je suis blanc, je suis noir, je suis français, je suis européen, etc. ». Il disait que c'était a*vidya*, ignorance, et que cette idée devrait être bannie

83

de la pensée humaine. Il disait : « Ne vous identifiez pas à tout cela. Ne vous identifiez pas au mental. Souvenez-vous que vous êtes esprit immortel ». C'est l'essence de son message : « Vous êtes l'esprit immortel ». Nous devons aller au-delà de toutes les différences de langage, nationalité, couleur de peau, éducation, religion. Tout cela est secondaire. Si nous agissons avec dignité, avec respect de soi et respect des autres, avec patience, compassion et compréhension, l'amour universel se manifestera.

C'était l'idée du T.W.O. Ce n'est qu'en nous identifiant au Soi à l'intérieur de nous que nous pourrons nous sentir comblés. Cela veut dire que le Soi à l'intérieur de vous est le même Soi à l'intérieur de moi et qu'il est le même Soi partout ailleurs. Certains prêtres hindous mettent des cendres sur leur front. Certains en mettent sur tout le corps. C'est pour se souvenir que le corps redevient poussière, et que cela n'a donc pas de sens que de s'identifier à la chair et aux os, « Je suis meilleur », « Je suis plus grand » et tout cela. La poudre rouge représente le sang. On pense être différent, cette poudre nous rappelle au contraire que nous avons tous le même sang. Nous vivons tous dans le même vaisseau spatial, la Terre. Nous respirons le même air, nous mangeons la même nourriture, nous avons tous les mêmes besoins. Si nous véhiculons la notion que « Dieu a créé seulement les français, ou les chrétiens, ou les hindous » ou que « Dieu a créé seulement les yogis et moi je suis meilleur que tous les autres, parce que je suis végétarien et que je pratique mes *asanas* tous les jours », la séparation est tout de suite là. Le T.W.O. veut montrer que la vie peut être vécue dans ce qu'on appelle « l'amour universel », que l'on soit instruit ou pas, quelles que soient la couleur de notre peau, la religion, quel que soit notre passé, quelques rituels que nous pratiquions. L'amour individuel, comme « J'aime seulement ma famille, mes voisins, ceux qui appartiennent à la même église, ou ceux qui pratiquent le yoga » est tout simplement de l'ignorance. Nous devrions viser l'amour universel, pour ressentir la paix à l'intérieur et à l'extérieur. Cela unit véritablement le monde.

Les personnes croyantes souvent ont un ego extrêmement fort et la religion peut être la cause de formes de fanatisme graves. Des guerres horribles sont perpétrées au nom de la religion. Chaque groupe se voit comme le groupe élu : « Mon Dieu est meilleur que le tien ». Cela existe aussi parmi les soi-disant yogis, on apporte le même état d'esprit dans le yoga : « Mon enseignant est meilleur que le tien, ma voie du yoga est meilleure que la tienne ». Là encore, le fanatisme montre son visage sans que nous en soyons conscients.

Swami Vishnudevananda dit : « La réponse est la méditation. Calmez-vous, recueillez-vous, amenez vos pensées vers un seul point ». Le mental est hypnotisé et nous devons le dé-hypnotiser. Nous devons le mener vers un nouveau motif et l'extirper des vieux motifs *tamasico-rajasiques*, qui cultivent la pensée que « Je suis meilleur que tous les autres ». Le *Vedanta* affirme « Le Soi, le Je, est en toi et en moi ». Dans le *Vedanta* on l'appelle *Brahman*, dans d'autres philosophies on l'appelle Dieu, *Tat Tvam Asi* (Tu es cela), Aham *Brahma*smi (Je suis ce Soi), ou « Mon père et moi-même sommes un » comme Jésus l'a déclaré avec force. La clé est l'identification avec l'Être suprême et non pas avec les éléments qui nous limitent : corps, mental, religion, peau, nationalité, langue, rituels, etc. C'est pourquoi les grands esprits peuvent s'unir. Ils disent : « Je suis ma voie, mais je respecte les autres voies aussi ».

La Bible dit : « Atteignez la paix qui dépasse toute compréhension », la paix qui est située au-delà de l'intellect, là où toutes les frontières disparaissent. L'ego individuel, qui pense « Je suis différent et meilleur que quiconque d'autre » se dissipe. Ceci était le but et l'enseignement principal de Swami Sivananda et Swami Vishnudevananda. Nous sommes tous connectés par l'énergie, par cette force universelle. C'est la beauté de la pratique du yoga : de se sentir connecté à quelque chose. Et puis nous devons lui attribuer un nom, parce que nous ne pouvons pas nous connecter à quelque chose pour laquelle nous n'avons pas de nom. Swami Vishnudevananda l'appelait « énergie ». Le mot « yoga » signifie « union », « unifier ». À travers les pratiques du yoga, nous augmentons notre niveau vibratoire physique et puis nous gagnons en compréhension, nous nous ouvrons, de telle sorte que l'énergie universelle peut couler à travers nous. Nous pouvons alors sentir que nous sommes un avec la nature et avec les autres êtres humains. Nous ne sommes pas des entités indépendantes. Nous sommes tous connectés à la force ou énergie universelle. Par conséquent, si les niveaux vibratoires physique, mental et psychique sont très bas, le monde entier sera affecté. Les gens autour de nous seront influencés et à leur tour ils vont influencer les gens autour d'eux, et ainsi de suite, dans des cercles concentriques. L'intention derrière le T.W.O. et le Teachers' Training Course est de diffuser le message.

Le mouvement pour la paix de Swami Vishnudevananda était basé sur l'idée que ce n'est pas seulement en posant les armes et en cessant de combattre que la paix s'installera. Le niveau énergétique de chaque individu doit être augmenté. Comme ça on prendra soin de la nature différemment, on fera bon usage des jardins et des arbres, les enfants et les animaux seront traités avec amour et la paix, la foi et le bonheur rayonneront partout. Nous serons capables d'accepter les différences inévitables, comme les différences de langue, pays, religion, philosophie, mode de pensée, couleur de peau, coutumes, rituels, idées. Nous devons prendre les choses telles qu'elles sont, et non pas comme nous voudrions qu'elles soient et comme nous en rêvons dans notre état hypnotique. Nous avons besoin de voir « l'unité dans la diversité », comme l'appelait Swamiji, et cela veut dire cultiver la compassion, la compréhension et l'ouverture d'esprit. C'est tout ce que Swami Vishnudevananda a voulu représenter. C'était cela, son enseignement. Il a vu que le yoga pouvait unir : il unit l'ego individuel avec le Soi universel. Ceci peut être ressenti pendant la relaxation finale, après la pratique des *asanas*, quand le corps est en quelque sorte « garé » et que l'idée « Je suis le corps » est partie. La même chose peut arriver pendant la méditation, parce que le mental est dissous dans cette paix. C'est une expérience directe du T.W.O. : l'unité dans la diversité.

APPRENDRE LE YOGA À LA SOURCE : LA REMISE DES DIPLÔMES DU TTC, VRINDAVAN, 2011

À la fin de ce cours, j'aimerais surtout vous dire : « Félicitations à vous tous. Vous avez fait un travail merveilleux ». Est-ce qu'il vous est arrivé de penser que la fin n'arriverait jamais ? Combien de fois vous vous êtes dit : « Oh, je ne sais pas ; le portail est ouvert, il n'y a pas de swami autour, je pourrais juste... ». Est-ce que vous avez eu ces pensées, quelques fois ? C'est ça le mental et tous ceux qui sont assis ici le savent, parce que nous avons tous suivi le TTC et nous avons dû faire face à quelque type de difficulté. J'ai suivi moi-même le TTC en 1974 en Californie, il y a une éternité. Depuis ce temps, la couleur de mes habits a changé. Je porte aujourd'hui la couleur des swamis. Pendant la formation vous avez appris qu'un swami est quelqu'un qui a fait un vœu de renoncement. Maintenant que vous avez survécu aux quatre semaines de cours, vous comprenez peut-être mieux qu'il faut renoncer à des choses afin de comprendre réellement le yoga, n'est-ce pas ? Vous avez suivi cette formation à la véritable source du yoga – l'Inde, Vrindavan – et il y a beaucoup de choses auxquelles il a fallu renoncer. Cette formation est assez unique. Nous ne rencontrons ce genre de circonstances nulle part ailleurs, même si le contenu de l'enseignement est le même partout. Toutefois, afin de s'approcher un tout petit peu plus de la compréhension du yoga, afin de comprendre les écritures, il est important de se rapprocher des racines.

La *Bhagavad Gita* offre des enseignements et des messages pour toute l'humanité, mais elle est enveloppée dans la culture indienne. Maintenant que vous connaissez l'Inde un tout petit peu, vous pouvez mieux comprendre les racines et grâce à cette compréhension, le message devient plus clair : vous devez agir, ne pas rester inactif, agir de façon correcte. Cela veut dire exécuter les actions avec dévotion, détachement et le juste discernement. C'est le message de la *Bhagavad Gita*. Elle explique l'évolution de l'être intérieur. Tout est placé dans différents contextes qui sont comme les racines mystiques de l'Inde. En effet, en Inde beaucoup d'enseignements passent par la voie culturelle ou historique. Au départ je trouvais cela très difficile de mémoriser tous ces termes sanskrits, jusqu'à ce que je comprenne qu'il est vraiment utile de s'en servir, comme nos langues ne sont souvent plus assez sensibles pour pouvoir faire référence aux aspects les plus subtils de la réalité.

Avec une connaissance de l'Inde qui s'approfondit de plus en plus, vous allez commencer à avoir une compréhension des rituels. Les Indiens utilisent pour leur pratique dévotionnelle les choses qui sont le plus précieuses à leurs yeux : le riz et les fleurs, par exemple. Au début on pourrait penser : « Quel gâchis ! », mais ce n'est pas leur vision des choses. Une fois Swami Vishnudevananda était en train de célébrer une puja et nous avions préparé des fleurs, mais nous avions été un peu avares en pensant : « Les pauvres fleurs. Il les déchire et il les utilise pour la prière ». La puja se déroulait et Swamiji n'avait pas l'air de vouloir s'arrêter, et nous nous rendions compte qu'il n'y aurait pas assez de fleurs. Il y avait un très beau bouquet près de l'autel. Swamiji a regardé le bol vide, il a regardé le bouquet et puis il a simplement pris les fleurs. Ça nous a fait mal. Mais les Occidentaux souvent font des choses qui blessent les Indiens, parce que nous ne sommes pas accoutumés à leur culture. Si nous comprenons cela, nous saisissons la profondeur du yoga – qui est un mode de vie, qui est respect, détachement, discernement – et nous pouvons transférer cette profondeur à notre vie de tous les jours.

Ce n'est pas une bonne chose de tout copier, de devenir très « indien » et de mépriser notre propre héritage culturel. Nous devons réfléchir à la signification et à l'essence et l'appliquer à notre vie. Ce type de travail commence tout de suite après la cérémonie de remise des diplômes. Il demande du temps – les écritures parlent de douze ans, et pour certains d'entre nous, cela prendra plus de temps. Nous devons faire ce travail sans devenir des fanatiques, sans trop intellectualiser. La dévotion est nécessaire, car elle ouvre le cœur et le sens peut y rentrer facilement. Si nous intellectualisons et jugeons tout, tout le jus du yoga sera perdu.

Le yoga est essentiellement un mode de vie, basé sur les lois de la nature. À l'origine l'ayurveda et le yoga à étaient une seule et même science et encore aujourd'hui, il faut combiner les deux, même si chacune a ses propres spécialistes, *acharya*.

Le yoga est un mode de vie. Il enseigne les lois de la nature et comment être à nouveau en harmonie avec ces lois. Non seulement le corps, mais le mental aussi fait partie de la nature. Ce qui change est nature et puisque le mental est certainement sujet au changement, le mental est nature. Dans notre environnement, tout le monde et toutes les choses s'éloignent de ces lois. Nous n'analysons pas cela, puisque ça nous paraît normal. C'est pourquoi nous avons des problèmes physiques, mentaux et nous sommes malades – pas forcément très malades, mais toujours un peu quand même. Tout le monde a quelques petits problèmes : la vue, les dents, les gencives, les articulations, l'estomac, un sens de fatigue, les reins qui ne fonctionnent pas bien, un peu de déprime. Tout cela est la résultante de notre éloignement de la nature, pas seulement dans notre corps, mais aussi dans les corps précédents dont nous sommes originaires, dans nos gènes. Si nous avons de la chance, nous nous en rendons compte et nous nous disons : « Je vais essayer le yoga ».

L'équilibre intérieur est perdu, les sensations du corps et la qualité de vie sont perdues, le contact avec notre soi intérieur, *Atman* en sanskrit, est perdu. Si vous deviez retenir ne serait-ce qu'une seule chose de cette formation, retenez cela : plus vous retournez à la loi naturelle, plus vous regardez la nature, comprenez la nature à l'intérieur et à l'extérieur, la nature du mental, plus vous reviendrez à l'*atman*, et la souffrance va s'atténuer, comme du brouillard qui lentement se dissipe. La nature bouge tellement silencieusement qu'on ne le remarque pas. Le bien-être est aussi tellement silencieux qu'on oublie à quel point on a été mal, avant.

On oublie rapidement la douleur, sinon les femmes ne voudraient pas avoir un autre enfant après le premier accouchement.

Le yoga vous offre différentes façons d'être en harmonie avec l'endroit d'où vous venez. Il y a plusieurs voies possibles – *Bhakti, Karma, Jnana* et *Raja yoga* – qui toutes mènent du jiva, l'individu, « Je », au Soi intérieur ou *Atman*. C'est cela le yoga : du jiva à l'*atman*. Mais d'abord vous devez reconnaître qu'il y a quelque chose de déséquilibré, que vous êtes éloignés du Soi. De fait, de plus en plus de gens réalisent cela, spécialement en Occident où les pré-requis matériels sont là. Quiconque doive encore trouver un abri et de la nourriture ne peut avoir le temps de penser à autre chose que les besoins urgents pour sa survie. La première nécessité est donc de reconnaître qu'il y a un déséquilibre, puis l'opportunité de revenir à l'équilibre doit se présenter, et ce n'est pas si facile : il nous faut du temps, des moyens financiers et une bonne santé. Si nous y regardons de près, il n'y a pas tellement de gens qui réunissent tous les critères : soit il n'y a pas d'argent, soit il n'y a pas de temps, ou alors il y a des contraintes qui ne nous permettent pas de partir pour quatre semaines.

D'abord, il faut reconnaître que quelque chose à l'intérieur n'est pas en équilibre. Deuxièmement, vous devez avoir la possibilité, dans votre vie, d'y faire quelque chose. Et enfin, il vous faut des enseignements. Les enseignements sont là, mais ils ne sont pas tous appropriés parce que nous sommes tous différents. Si nous avons eu de la chance, si nous avons eu la bénédiction de trouver un enseignant à qui nous pouvons faire confiance et dont nous pouvons suivre l'exemple pour ce qui est des règles, des techniques et de la conduite à suivre, nous réunissons les trois éléments. Avoir ces trois éléments ensemble est une grande bénédiction, et cela est très rare.

Vous tous qui êtes ici, vous avez ces trois éléments réunis : vous avez le temps, vous avez compris qu'il y a quelque chose à faire, et que c'est à vous de le faire, et vous avez accepté de suivre pendant quatre semaines ces enseignements, ces deux maîtres, Sri Swami Sivananda et Sri Swami Vishnudevananda, qui se situent dans l'ancienne tradition de fondre le jiva avec l'*atman*, en utilisant les quatre voies du yoga. Donc, pour vous tous, c'est une vraie bénédiction d'être ici, d'avoir la possibilité d'étudier de cette façon la science secrète du yoga. Il s'agit effectivement d'une science secrète. La science du gurukula. Vous pourriez penser : « Je peux trouver ce yoga partout », mais vous savez que même le cours de *pranayama* est plutôt « secret », dans le sens où vous ne pourriez pas l'apprendre dans un livre ; vous avez besoin d'un enseignant.

On a tous besoin d'un enseignant et vous allez vous en rendre compte quand vous allez commencer à enseigner. Vous devez être amis avec les élèves – pas seulement un enseignant, mais aussi un ami – et partager tout ce que vous avez appris avec eux. Si vous êtes amis avec vos élèves, ceux-ci seront capables d'accepter aussi les difficultés.

Les livres ne suffisent pas. Bien sûr, on peut tout trouver dans les livres, mais ça ne suffit pas. Vous devez vivre ça sur votre peau, vous devez consacrer du temps pour cela, vous devez renoncer à des choses pour cela, vous devez abandonner des choses pour cela. Maintenant que vous avez suivi cette formation, vous avez la juste perspective. Vous avez réussi l'examen, vous êtes passés par tous ces hauts et ces bas. Swami Vishnu nous disait : « La connaissance est dans vos mains et maintenant vous pouvez la faire germer, l'arroser, par la pratique ». Il y aura très certainement des hauts et des bas dans votre *sadhana*. Tout de suite après le cours ça vous semblera impossible, mais la vie est là dehors, elle vous attend. C'est normal. Vous devez l'accepter, mais gardez une place dans votre mental pour la pratique, concoctez-vous un petit programme qui comprenne des *asanas*, du *pranayama*, de la méditation, une journée de jeûne par semaine et ainsi de suite.

Certains amis et membres de votre famille vous diront : « Je te l'avais dit. Tu n'es pas la même personne. Ils t'ont fait le lavage du cerveau. Je t'avais prévenu. Regarde où tu en es maintenant. Avant on s'entendait bien et maintenant, je ne peux même plus fumer ma clope. Je voulais t'amener dans un bon restau et tu ne veux même pas y aller parce que tu n'aimes pas l'odeur », etc. Donc, s'il vous plaît, ne vous méprenez pas. Vous devez servir ceux que vous aimez. Vous devez servir ceux que vous aimez, mais eux aussi, ils doivent vous servir un tout petit peu. Vous pourriez leur demander de fumer sur le balcon, par exemple. Si quelqu'un vous invite à dîner, vous proposez : « Est-ce qu'on pourrait aller chez un Italien ou chez un Chinois, où vous pouvez prendre de la viande et du poisson et moi je peux manger des pâtes ou des nouilles ? ». Ne soyez pas rigides. L'autre n'est pas mauvais parce qu'il mange du poisson et qu'il fume. Ne jugez pas, contentez-vous de travailler sur vous-mêmes. Sinon vous ne pourrez plus être en société. À ce jour le végétarisme est déjà bien accepté, la cigarette est en train de quitter les endroits clos et même l'alcool est moins fréquemment consommé. Ça vous prendra du temps de comprendre le psychisme de votre environnement et de vous comprendre vous-mêmes, aussi. Certains parmi vous ont déjà été dans un *ashram*, mais ne dites pas, maintenant « Je ne peux plus aller dans un hôtel ». Ne soyez pas extrémistes. Prenez la voie du milieu. Un pas après l'autre. Comme vous avez grandi physiquement et mentalement, vous devez aussi grandir dans le yoga. Souvenez-vous toujours des lois de la nature, et vous irez bien. Soyez patients et compassionnels, et soyez conscients, avec vous-mêmes et avec les autres. Ne regardez pas les autres juste pour dénicher leurs erreurs, mais regardez-les aussi pour voir l'amour qu'ils ont à donner. Tout le monde a en soi l'amour, *atman*, et c'est le même amour pour tout le monde.

Maintenez vivante votre *sadhana*. Ceci est vital. Et soyez un ami, ne soyez pas un enseignant. De toute façon, dans le yoga ce n'est pas facile de séparer l'un de l'autre, comme le yoga est très personnel. C'est pourquoi Swamiji insistait : pratiquez, pratiquez, pratiquez. La pratique est aussi la pratique mentale, comme se fixer de petits objectifs pour soi-même. Planifiez quelque chose et mettez sur papier ce que vous visez. Travaillez avec votre mental subconscient et ça viendra, et d'habitude, ça vient quand on s'y attend le moins.

« Servez, aimez, donnez, purifiez, méditez, réalisez » : c'est l'essence condensée de l'enseignement de Swami Sivananda. « Réaliser » signifie être de retour dans le Soi. Vous comprenez les changements, à savoir la nature. Le vrai Soi reste le même. Concentrez-vous sur cela.

Les membres du staff, les swamis, les enseignants ont tous pris le même chemin. Nous faisons tous la même chose. Ce que nous enseignons, nous le pratiquons. Parfois on patauge, mais on continue à nager. Si on ne nage pas, on se noie. Parfois on nage un peu plus vite, on fait du crawl, parfois plus doucement, mais toujours nous continuons à nager. Aucun de nous n'est parfait et nous avons un but très élevé devant nous, retrouver en nous le Soi, à nouveau.

Je vous remercie de tout cœur d'être venus dans cette institution Sivananda, de nous avoir fait confiance. Nous avons été très heureux de partager avec vous notre expérience du yoga. Puissiez-vous tous aller dans le monde et être les lumières brillantes du yoga.

SWAMI VISHNUDEVANANDA :
GURU, ENSEIGNANT, EXEMPLE

Le jour du *Gurupurnima*, le jour de pleine lune du mois de juillet, est considéré comme un jour très propice. Il est dédié spécialement à la mémoire du principe de l'enseignant spirituel, le guru, « celui qui détruit l'obscurité ». C'est une occasion parfaite pour se souvenir des caractéristiques uniques de Swami Vishnudevananda, qui l'ont rendu un enseignant extraordinaire et inspirant.

Swami Vishnudevananda enseignait les *asanas* et le *pranayama*, mais son enseignement principal était le détachement, être détaché du corps et du mental et réaliser la nature finie des choses mondaines. Il nous a appris à servir les autres avec tout notre cœur et, par cela, à plier l'ego ; il était convaincu que la paix du mental peut être atteinte en servant les autres, à travers les enseignements du yoga.

Du détachement naît l'amour, un amour qui n'est pas de l'infatuation, qui ne dépend pas uniquement des objets extérieurs et qui, de ce fait, est durable. Son amour pour ses disciples était comparable à celui d'une mère pour son enfant. Il nous voyait tous égaux – aucune différence entre homme et femme, entre ceux qui étaient plus utiles que d'autres ou qui travaillaient mieux que d'autres. Il s'intéressait vraiment aux gens. C'était assez surprenant, il avait vraiment la capacité de s'intéresser à quiconque s'approchait de lui.

Swamiji aimait la science, aussi parce que la science peut prouver l'efficacité des *asanas*, *pranayama* et du contrôle du mental. Et pourtant, il ne parlait jamais, et encore moins se vantait-il, de ses succès, qu'il s'agisse de succès matériels ou de succès liés à la *sadhana*, et il ne parlait jamais de ses expériences pendant la méditation. Il était tellement humble, mais on ne s'en rendait pas forcément compte si on n'était pas en contact direct avec lui. Seulement plus tard, rétrospectivement, on pouvait comprendre sa grande humilité. Il avait l'air normal – il était comme nous tous. Quelle personnalité merveilleuse ! Il vivait avec nous, ne prenait jamais de distance en se conduisant « en Indien » ; il vivait selon notre style de vie et il parlait notre langue. Il était assez humble pour mettre de côté son propre bagage culturel.

Swami Vishnudevananda comprenait nos besoins et nos chagrins – et il est très rare d'avoir un enseignant qui comprend réellement ce qui se passe dans notre tête. Pour nous taquiner, il disait : « Les Occidentaux sont en train de chercher soit une place de parking, soit une méthode pour perdre du poids ». C'était une blague, bien sûr, mais cela montre quand même beaucoup d'empathie et d'intuition. C'était pareil quand il parlait des désirs : des voitures plus grandes, des maisons plus grandes, des piscines plus grandes, des diamants plus grands. Il nous encourageait à observer notre mental, à le regarder comme on regarderait un film, et de nous en détacher. « La vie est courte », il disait, « ressentez le guide à l'intérieur, priez les maîtres, pratiquez *japa*, lisez la Gita et lâchez prise ». Quelle bénédiction que ça a été d'être avec un tel enseignant, qui était capable de restituer l'essence de toute la philosophie par des concepts simples, compréhensibles : « La vie est courte. Empruntez la voie rapide. Le but de la vie est d'en réaliser l'essence, de réaliser que nous sommes dans un vaisseau spatial et que rien ne dure. Le corps va tomber malade et un jour il mourra ». Quand on est encore jeune, on pense : « Ben, c'est juste de la théorie ». Mais non, ce n'est pas que de la théorie, c'est la réalité !

Il a gardé cet incroyable détachement même après son AVC, quand il était cloué à un fauteuil roulant et qu'il ne pouvait plus parler parce que sa locution avait été affectée. Il était encore totalement détaché et il était une incroyable source d'inspiration. À cette époque-là, plusieurs de ses élèves ont perdu la foi, parce qu'ils identifiaient ses enseignements avec son corps. Il était assis tout le temps, et les dernières années il était même allongé, il n'arrivait pas à s'exprimer avec éloquence ou fluidité. Pour ceux qui l'entouraient à cette époque, c'était une grande opportunité, parce qu'il n'y avait pas énormément de disciples autour de lui et qu'on pouvait l'approcher facilement. Avant, il y avait toujours des centaines de personnes, de la fascination, de la confusion. Les deux situations lui convenaient parfaitement. Il a toujours su parfaitement qui il était. Je me souviens d'une fois, où je le conduisais quelque part en voiture avec l'un de ses invités spéciaux. Ils étaient assis à l'arrière et l'invité a demandé à Swamiji combien de disciples il avait. La réponse a été : « Oh, seulement une poignée ». À cette époque-là il avait énormément d'élèves, c'était en 1984 ou 1985. Swamiji avait déjà voyagé partout dans le monde et tout le monde disait : « Je suis son disciple ». À la fin il y en avait bien sûr un peu plus qu'une poignée, mais pas beaucoup plus à vrai dire.

Swami Vishnudevananda a diffusé l'enseignement du yoga partout dans le monde, sans jamais utiliser son propre nom, mais toujours celui de son maître, Swami Sivananda. Tout ce qu'il a fait, nous essayons de le poursuivre, et tout ce que feront ceux qui suivront, ce sera de donner de l'inspiration aux autres avec la dévotion sans limites que Swami Vishnudevananda éprouvait pour son guru.

À première (voire à deuxième!) vue, il était difficile de comprendre qui il était, même quand vous étiez avec lui, parce qu'il était tellement simple. Il ne s'habillait jamais de façon élégante, il n'avait aucune vantardise. La première fois où je l'ai vu, il portait un dhoti qui n'avait pas été repassé, qui avait même quelques trous. Il avait un rhume et il restait juste là, assis. Je me suis dit : « Mon Dieu, c'est qui celui-là ? ». J'ai appris plus tard qu'il était arrivé à San Francisco le même jour, de l'Inde, et que son corps était complètement épuisé après vingt heures de vol. Quand je l'ai revu la fois d'après, il était tellement rayonnant, on n'avait même pas besoin d'allumer les lampes. J'ai alors appris à ne jamais juger quelqu'un par son apparence extérieure.

On pourrait dire encore beaucoup sur sa façon spéciale d'être et d'enseigner. Nous pouvons juste essayer de faire de notre mieux pour être dignes de cet immense exemple du principe du guru qui a habité cette planète sous le nom de Swami Vishnudevananda.

Hari Om Tat Sat

SWAMI SIVANANDA (1887–1963)

SA MISSION : SERVIR L'HUMANITÉ

Swami Sivananda (1887-1963) a été l'un des grands maîtres de yoga de l'Inde. Dans sa vie il a entrepris deux carrières, celle de médecin, avec beaucoup de réussite, et celle de yogi et sage. Son travail a toujours été centré sur le service pour les autres : « Tout type de travail qui a servi à guérir et soulager la souffrance humaine m'a rempli de joie ». Pour lui, le service était « l'expression de l'amour ». Après avoir commencé à travailler comme médecin en Inde, il est parti en Malaisie où des milliers de travailleurs indiens vivaient dans des conditions difficiles. En tant que directeur d'un hôpital local, il a passé beaucoup de temps à soigner les pauvres, qui avaient le plus besoin de son aide. Non seulement il fournissait une assistance médicale sans frais, mais il était aussi connu pour leur donner assez d'argent au moment de leur retour pour compenser les gains perdus pendant la maladie.

LA RECHERCHE D'UN BONHEUR DURABLE

Le sentiment d'avoir un « appel » de la vie était toujours présent à l'esprit du jeune médecin. Au milieu de tous les plaisirs éphémères et ambigus de la vie, il recherchait toujours une forme plus élevée et durable de paix et de bonheur. La souffrance physique et mentale qu'il observait chez les gens qu'il rencontrait était source de grand chagrin pour lui. À travers les enseignements du *Vedanta* il a progressivement compris le vrai sens de la vie. Suivre la voie des sages et aider les autres est devenu son désir le plus profond. Il voulait aider les gens non seulement sur le plan physique, mais aussi sur le plan mental. Afin de consacrer complètement sa vie au yoga, il a renoncé au monde et passé plusieurs mois en tant que moine itinérant, sans le sou, atteignant finalement la solitude des Himalaya. Là-bas, en pratiquant le yoga et la méditation intensément, Swami Sivananda a atteint la Réalisation de soi.

LE YOGA DE LA SYNTHÈSE

Dans son *ashram*, la Divine Life Society à Rishikesh, Swami Sivananda enseignait une forme de yoga qui intégrait tous les systèmes de yoga connus. Ce yoga de la synthèse est à la base de la pratique du yoga en occident. À Rishikesh Swami Sivananda a formé plusieurs élèves de très haut niveau, qui ont contribué à donner au yoga classique la réputation qu'il a aujourd'hui dans le monde entier. En 1957, il a donné ces instructions à l'un de ses disciples les plus proches, Swami Vishnudevananda : « Pars en Occident. Les gens attendent », en l'envoyant d'abord en Amérique du Nord et puis en Europe pour diffuser les enseignements du yoga.

LA CONNAISSANCE EST LE PLUS GRAND DON

L'écriture est devenue la deuxième mission de Swami Sivananda. L'écriture lui permettait d'avoir un effet bénéfique plus durable sur les personnes. Son but était de diffuser autant de connaissance spirituelle que possible. Pour lui, la connaissance était le plus grand don. La presse écrite était plus importante pour lui qu'une chaire ; seule la parole écrite reste. Swami Sivananda a poursuivi sa mission jusqu'à la fin de sa vie, publiant plus de 200 livres sur tous les aspects du yoga.

DES ÉLÈVES DANS LE MONDE ENTIER

Swami Sivananda a écrit tous ses livres en anglais parce que l'anglais lui permettait d'atteindre le public le plus vaste possible partout dans le monde. Il a aussi maintenu une correspondance régulière avec des centaines d'élèves de yoga dans le monde, qui se tournaient vers lui en cherche de réponse et de conseil. De cette façon, depuis son humble maison sur les rives du Gange dans les Himalaya, Swami Sivananda a transmis la lumière de la connaissance divine aux quatre coins de la terre.

LE POUVOIR DURABLE DE SES PENSÉES

Ce grand sage du XX siècle, Swami Sivananda, continue de vivre. Il vit dans ses livres, dans ses disciples, dans l'atmosphère de ses centres et *ashrams*. Swami Sivananda était un prince parmi les hommes, un bijou parmi les saints. Le service et l'amour étaient les armes qu'il utilisait pour conquérir le cœur des hommes. Swami Sivananda n'a pas fondé une nouvelle religion, et il n'a pas non plus développé aucune morale ou éthique nouvelles. De fait, il a aidé les hindous à devenir des meilleurs hindous, les chrétiens des meilleurs chrétiens, les musulmans des meilleurs musulmans. Il y avait le pouvoir de la persévérance chez Swami Sivananda – dans ses pensées, dans ses paroles et dans ses actes. Il était le pouvoir divin de la vérité, de la pureté, de l'amour et du service.

SWAMI VISHNUDEVANANDA (1927-1993)

UNE FEUILLE DE ROUTE POUR LA PAIX

Octobre 1957 : Swami Vishnudevananda, un Indien, touche les côtes de Californie, accompagné d'un billet de dix roupies, de quelques phrases en anglais et d'une grande mission : il était envoyé en Occident par son enseignant Swami Sivananda (1887-1963) dans le but de diffuser le yoga, la feuille de route spirituelle vers la paix intérieure. Dans le climat de la Guerre Froide et du capitalisme débridé Swami Vishnudevananda a compris à quel point son travail était nécessaire. Son but était de mettre en œuvre une révolution holistique vers la paix, en poursuivant la tradition de Gandhi et de Martin Luther King.

LA VOCATION GLOBALE DU YOGA

Aujourd'hui, des millions de personnes pratiquent les exercices que Swami Vishnudevananda a commencé à enseigner en Occident il y a cinquante ans. Les centres de sports, les clubs de bien-être et de fitness proposent aujourd'hui des cours de yoga, et le yoga trouve de nouveaux pratiquants chaque jour. Les soixante-dix et quelques centres et *ashrams* Sivananda dans le monde entier sont la preuve de l'immense accomplissement de cet enseignant dynamique. Pour ne citer que quelques sites : New York, Montréal, le siège à Val Morin au Québec, San Francisco, Los Angeles, Chicago, Nassau aux Bahamas, London, Paris, Berlin, Munich, Vienna, Reith bei Kitzbühel en Autriche, Genève, Madrid, Tel Aviv, Delhi, Chennai, Neyyardam au Kerala, Uttarkashi dans les Himalaya, Buenos Aires, Montevideo.

« UN GRAMME DE PRATIQUE VAUT MIEUX QUE DES TONNES DE THÉORIE »

Les cinq piliers de la pratique du yoga selon Swami Vishnudevananda sont les *asanas* (postures physiques), les exercices de respiration, la relaxation profonde, le régime végétarien et la pensée positive. Toutes les techniques de yoga aboutissent à la méditation, l'expérience d'unité avec son propre Soi. En 1969, Swami Vishnudevananda a posé la pierre d'angle de la diffusion systématique du yoga en organisant le premier Yoga Teachers' Training Course (TTC) en Occident. Ce qui avait commencé avec une vision a formé 38 000 enseignants – avec environ un millier qui s'ajoutent chaque année. Ces personnes ont propagé les enseignements du yoga traditionnel dans les clubs de sport, les écoles, les cabinets médicaux, les universités, les hôpitaux et les prisons.

LES BEATLES N'ÉTAIENT PAS LES SEULS SENS DESSUS DESSOUS

Une fois, alors que Swami Vishnudevananda était en train d'expliquer la posture sur la tête aux Beatles à l'aéroport de Los Angeles, Ringo Starr lui a rétorqué : « Je ne sais même pas tenir debout sur mes pieds, comment suis-je censé me mettre sur la tête ? ». Plus tard, quand il a réussi à mettre les Beatles sur leur tête à la coiffure stylée, ceux-ci ont compris ce que beaucoup de ses élèves savaient déjà : ce qui avait l'air d'un pur exercice physique était en réalité un changement de perspective à la fois pour le corps et pour le mental.

AUSSI LIBRE QU'UN OISEAU

Pour Swami Vishnudevananda, il n'y avait pas de barrière, ni à l'intérieur ni à l'extérieur. Il croyait que les barrières étaient juste des constructions mentales qu'il fallait abattre. C'est pourquoi il a commencé à entreprendre les vols symboliques au-delà des frontières nationales de pays engagés dans un conflit.

En 1971, il a volé avec l'acteur Peter Sellers à bord d'un bimoteur Piper Apache dit « Peace Plane » à Belfast en Irlande du Nord. C'était le premier d'une série de vols pour la paix au-dessus d'endroits problématiques, pendant lesquels il jetait des fleurs et des tracts pour la paix. Un mois plus tard, il s'est envolé au Proche Orient. Pendant un vol pour la paix au-dessus du canal de Suez durant la guerre du Sinaï, les avions de l'armée israélienne ont cherché à forcer Swami Vishnudevananda à atterrir, mais celui-ci a continué sa mission résolument. Son message était : « L'homme est aussi libre que les oiseaux. Traversez les frontières avec des fleurs et de l'amour, et non pas avec les armes et les bombes ».

De la même manière, il a plané au-dessus du mur de Berlin d'Ouest en Est en 1983 dans un avion ultraléger, « armé » de deux bouquets de fleurs. Il a atterri dans une ferme à Weissensee, à Berlin Est. Après l'avoir interrogé pendant des heures, les autorités de l'Allemagne de l'Est l'ont fait monter dans un métro, un sandwich à la main, et l'ont renvoyé à Berlin Ouest.

Un an plus tard, en 1984, il a passé trois mois à faire le tour de l'Inde dans un bus à deux étages sous le slogan « Le yoga pour la paix ». Il voulait que le peuple du pays de naissance du yoga rentre en contact avec l'approche moderne à la pratique et à la philosophie du yoga. Swami Vishnudevananda a quitté son corps en 1993, durant un pèlerinage pour la paix du monde et la compréhension mutuelle, à Mangalore, en Inde du Sud.

L'ÉNERGIE DE DIX ROUPIES

Swami Vishnudevananda disait qu'il était venu en Occident, qu'il avait fondé les centres et *ashram*s Sivananda de Yoga *Vedanta* et formé des milliers d'enseignants de yoga, grâce à l'énergie de dix roupies.

« Ces dix roupies m'ont fait traverser le monde maintes fois. Ce ne sont que l'énergie de mon maître, Swami Sivananda, et sa bénédiction, qui m'ont permis de faire tout ce que j'ai fait. Tout ce que j'ai fait, je l'ai fait au nom de mon maître ».

UNE VIE PORTÉE PAR LA LUMIÈRE DU YOGA

NOTE BIOGRAPHIQUE SUR SWAMI DURGANANDA

LES DÉBUTS

Gitta Randow, née le 11 août 1943 en plein conflit mondial, a grandi comme la fille unique d'une mère aimante et d'un père entreprenant et plein d'humour, à Cologne en Allemagne. Dès sa plus jeune enfance, Gitta s'est distinguée pour son grand cœur, son absence de timidité et son indépendance d'esprit. Elle avait beaucoup d'amis et elle était entourée d'amour. À l'âge de huit ans, un livre sur le Bouddha l'a fascinée et lui a rapporté des impressions du passé.

En 1969 elle a suivi un cours de yoga à Cologne, en faisant pour la première fois l'expérience de l'énergie subtile de la relaxation finale. Au cours de longs séjours en Angleterre, elle a été attirée par tout ce qui avait trait au yoga et à la méditation. Cette aspiration croissante l'a finalement menée en Inde.

À LA RECHERCHE DU MAÎTRE

Après des études initiales avec Sai Baba à Whitefield/Bangalore et avec Sri Swami Muktananda à Ganeshpuri/Bombay, Gitta s'est installée à Rishikesh où elle a pratiqué le yoga et la méditation sous les conseils de Sri Swami *Brahman*anda, un disciple de Swami Sivananda. Le livre de Swami Sivananda, Concentration et méditation a été révélateur pour sa pratique quotidienne dans un petit kutir près du Gange. À l'expiration de son visa, Gitta a dû quitter l'Inde et on lui a conseillé de continuer sa pratique en Occident avec Swami Vishnudevananda, le « Swami volant », au Québec.

Mais le destin l'a menée plutôt en Californie, où elle a continué l'étude et la pratique avec Sri Sant Kesavadas, un Bhakta et mystique de Bangalore, et Sri Swami Nadabrahmananda, un grand disciple de Swami Sivananda, maître de Nada Yoga. Après plusieurs mois de pratique et de service au Centre de Yoga Intégral de Sri Swami Satchidananda à San

Francisco, Gitta a rencontré Sri Swami Vishnudevananda. Swamiji l'a invitée à la Sivananda Ashram Yoga Farm. À l'*ashram*, la franchise naturelle, la pureté et la profondeur de la personnalité de Swamiji lui ont montré l'enseignant spirituel ; Swamiji a accueilli Gitta dans la famille spirituelle, il l'a initiée à un *mantra* et l'a spontanément appelée par le nom de Durga, l'énergie protectrice de la Mère Divine. Durga s'est plongée cœur et âme dans la *sadhana* et a été chargée de l'administration de l'*ashram*. Avec vingt-cinq autres élèves, Durga a suivi en 1974 le Yoga Teachers' Training Course, qui à l'époque était donné quasiment intégralement par Swamiji dans la vieille grange de la Yoga Farm. Après le TTC, Swamiji est rentré dans une période de mauna (silence) et de réclusion qui a duré plusieurs semaines. Durga a cuisiné pour lui son repas quotidien à base de kitchari, un mélange de riz et de lentilles et a continué à approfondir sa propre *sadhana*.

ENVOYÉE EN MISSION POUR LA VIE

Quand Swamiji a appris que Durga était allemande, il l'a envoyée en Europe pour visiter tous les centres Sivananda là-bas, qui à l'époque en étaient à leurs débuts.

Après le tour, Durga est restée à Vienne, où elle a été formée par Swami Ramananda à la gestion d'un centre et à l'enseignement du yoga et de la méditation. En tant que premier disciple sannyasa de Swamiji, Swami Ramananda avait fondé plusieurs des centres Sivananda de l'Amérique du Nord et elle venait de rentrer dans son pays natal, l'Autriche, pour établir un Centre de Yoga Sivananda à Vienne.

À plusieurs occasions Swamiji a appelé Durga pour qu'elle l'assiste dans les *ashram*s en Amérique du Nord, ce qui l'a aidée à déployer les nombreuses facettes de son apprentissage du yoga. Le jour de Noël de 1977 Swamiji l'a initiée au sannyasa en lui donnant le nom monastique de Swami Durgananda *Sarasvati*.

Quand la mère de Swamiji, Sri Swami Sivasaranandaji, a passé plusieurs mois à l'*ashram* Sivananda au Canada en 1979, Swami Durgananda a assisté Mataji pendant son séjour.

Avec la cécité progressive de Swami Ramananda qui s'était rajoutée à des fractures aux hanches, Swami Durgananda a été chargée de diriger les centres Sivananda européens sous le regard attentif de Swamiji. Après avoir passé plusieurs mois au siège au Canada, Swami Ramananda est retournée à Vienne à la fin des années 1980. Swami Durgananda a organisé son assistance au sein de la communauté du centre Sivananda de Vienne, où Swami Ramananda était entourée de ses élèves dévots qui ont été inspirés par son exemple d'amour et de détachement, jusqu'à ce qu'elle quitte son existence terrestre en 1992.

Chaque année, Swami Durgananda organisait les visites en Europe de Swamiji et elle l'assistait dans la programmation de l'activité des centres.

Swamiji a donné le premier Yoga Teachers' Training Course en Europe en 1985 à Baiona, en Espagne. Depuis, un TTC était organisé tous les ans en Europe, en passant de la France (Blois) à l'Autriche (Scheffau, Mittersill, Reith), à l'Espagne (Mojacar, Turre, Cuenca, Aluenda), à l'Angleterre (Dorset, Londres) et à l'Allemagne (Meissen). Outre les élèves européens qui sont partis suivre cette formation en Amérique du Nord ou en Inde, plusieurs élèves ont donc pu la suivre en Europe. Depuis 1998 la formation avancée, ATTC, est aussi enseignée régulièrement en Europe.

Dans les TTC organisés en Inde, au Canada, aux Bahamas et en Israël plus particulièrement, l'enseignement de la *Bhagavad Gita* était confié à Swami Durgananda. Ces cours très dynamiques devenaient une attraction en eux-mêmes pour les élèves, qui ont découvert comment ce texte classique est le fil doré qui traverse non seulement tous les aspects de la formation, mais aussi de la spiritualité vécue au quotidien.

De la même façon, les conférences de Swami Durgananda sur les *Raja Sutras* de *Patanjali* pendant les Advanced Yoga Teachers' Training Course sont devenues un manuel pratique de psychologie du yoga pour l'Occident. Ses conférences données en 2001 lors de l'ATTC à Nassau, aux Bahamas, ont été éditées dans un livre publié en 2003.

Au début des années 1980 Swamiji était au plus haut de ses activités pour la diffusion du yoga dans le monde entier. Dans son infatigable recherche d'oiseaux symboliques pour la paix du monde, Swamiji a décidé en 1983 de voler au-dessus du mur de Berlin d'Ouest en Est dans un avion ultraléger. Swami Durgananda a été à la tête de l'organisation de cette mission si spéciale : trouver une « piste de décollage » improvisée, adaptée et secrète à Berlin Ouest, faire passer l'avion incognito dans Berlin Ouest, organiser un festival international pour la paix avec marche sur charbons ardents à quelques mètres du mur à Potsdamer Platz, faire de la publicité pour l'événement avant et après le vol – tous ces aspects se sont mis en place avec une facilité qui tenait du miracle.

Quelques mois plus tard, Swamiji a mené la mission « Yoga pour la paix » dans tous les coins de l'Inde, en conduisant un *ashram* mobile sous la forme d'un bus londonien à deux étages en long et en large du subcontinent. Swami Durgananda a accompagné Swamiji aussi dans cette mission.

La nuit même de la chute du mur de Berlin, en 1989, Swamiji a appelé Swami Durgananda et lui a annoncé qu'il souhaitait organiser des célébrations de paix la semaine suivante, près du mur, et qu'il voulait rencontrer les médias, le Président de l'Allemagne de l'Est et aussi l'agriculteur qui l'avait aidé lors de son atterrissage de l'autre côté du mur. Portée par le pouvoir des pensées de Swamiji, Swami Durgananda, avec l'aide d'autres dévots, a préparé ces événements qui se sont déroulés comme s'ils avaient été prévus par un dessin divin.

En 1990, Swamiji a initié certains de ses disciples les plus proches en tant que *Yoga Acharya* en leur donnant la responsabilité formelle des Centres et des Ashrams dans le monde. En tant qu'*acharya* pour l'Europe, Swami Durgananda continue depuis à prendre soin du bien-être spirituel des membres du staff, des enseignants et des élèves en voyageant en permanence d'un centre à l'autre. Le Centre Sivananda de Berlin a été établi en 1991.

Après son premier AVC à la fin de l'année 1990, Swamiji s'est rendu pour une dernière visite en Europe, où il a guidé plusieurs heures de chant du *mantra* Om Namo Narayanaya pour la paix dans le monde dans les différents centres.

En 1992 Swamiji a appelé Swami Durgananda pour être accompagné dans le *Ganga Parigrama Yatra* de Gangotri à Calcutta.

Lorsque Swamiji a atteint le Maha*sama*dhi le 9 novembre 1993 à Mookambika, dans l'Inde du Sud, son corps a été transporté à Delhi le lendemain, où Swami Durgananda et d'autres disciples proches de Swamiji s'étaient réunis pour accompagner sa dépouille physique à Rishikesh et encore plus haut dans son Himalaya adoré. La procession est arrivée à Uttarkashi peu avant le coucher du soleil, où la congrégation de sadhu locaux a alors accompli les rituels du Jala *Sama*dhi ou immersion dans la Mère Gange avec simplicité et amour.

PARTAGER LA MISSION

Tout au long de sa vie Swamiji partagea avec enthousiasme la mission de son maître avec ses propres gurubhai ainsi qu'avec des personnalités saintes de différentes religions et spiritualités. Swami Durgananda a hérité ce respect et cet amour pour le satsang avec les mahatmas (grandes âmes). Au cours des quarante dernières années, un nombre incalculable de visites ont été organisées dans tous les centres en Europe afin de promouvoir les enseignements pratiques de maîtres authentiques dans différents aspects du yoga.

Sri Swami Chidananda, Président de la Divine Life Society de Rishikesh et l'un des disciples les plus proches de Swami Sivananda, est adoré dans le monde entier comme yogi et sage. Dans ses tours européens il a donné des satsang inoubliables aux centres Sivananda.

Sri Swami Hridayananda était médecin et il a servi Swami Sivananda comme assistant personnel. À la fin des années 1970, « Mataji » a visité les centres en Europe où il a donné des merveilleuses conférences et des introductions passionnantes au *kirtan* et à la méditation.

En 1977 Sri Swami Nadabrahmananda, le célèbre nada yogi de l'*ashram* Sivananda à Rishikesh, a passé plusieurs semaines en Europe en partageant la science du Nada yoga et en initiant les membres du staff et les élèves à la qualité intérieure du *kirtan* (chant de *mantra*).

Sri Swami Nityananda a partagé la sagesse de l'amour en action à travers son travail pour les enfants défavorisés à New Delhi. « Soyez bon, faites le bien » est l'enseignement précieux de Swami Sivananda qui est devenu le mot d'ordre pour la mission de Swami Nityanandaji.

Le maître *Bhakti* et mystique Sri Sant Kesavadas et son épouse Rama Mataji ont partagé des satsang pleins d'inspiration, des récits et des présentations musicales de textes tels que le Devi Mahatmyam, le Ramayana et la *Bhagavad Gita* à la fois dans les centres que lors de retraites partout en Europe.

Sri Swami Chaitanyananda, un grand jnani et disciple proche de Sri Swami Sivananda Maharaj a quitté sa vie de reclus dans l'*ashram* d'Uttarkashi pour une année de service dans les centres et *ashram*s Sivananda de Yoga *Vedanta*. Ses satsangs emplis de la connaissance des *Upanishads* et les souvenirs inspirés sur la vie de gurudev Swami Sivananda sont encore dans les mémoires.

Avant de quitter le plan terrestre, Swamiji avait pris le soin d'introduire ses élèves les plus proches à la récitation traditionnelle du *Srimad Bhagavatam*, l'écriture qui fait le plus autorité sur le *Bhakti* Yoga. En 1998 Sri Venugopal Goswami, Bhagavat*acharya* du temple Radha Raman de Vrindavan, et disciple du mondialement célèbre vocaliste classique Sri Pandit Jasraj, a visité le centre Sivananda de Berlin en présentant la Bhagavata Saptaha, une lecture de sept jours de cette écriture sainte. La philosophie universelle du yoga et les chants dévotionnels indiens dans la tradition raga authentique ont été très apprécié des élèves occidentaux. Avec les séminaires pratiques sur la méditation de Swami Durgananda et les ateliers de yoga avec d'autres swamis expérimentés, ces programmes sont devenus un moment important de la vie spirituelle de tous les centres en Europe.

Le docteur Kamlesh de Lucknow, en Inde, a grandement contribué à la compréhension pratique de l'alimentation yogique dans les Centres. Descendant d'une famille traditionnelle de Vaidyas ayurvédiques depuis sept générations, le docteur Kamlesh est source d'inspiration pour apporter des changements simples au régime alimentaire de tous les jours. Quand elle est adaptée à la constitution personnelle et au climat local, l'alimentation devient un outil puissant de prévention et de soin.

« L'invité est roi » : c'est la règle d'or de Swami Sivananda que Swamiji a transmise à ses disciples proches. Swami Durgananda a appliqué cette règle très naturellement à tous les mahatmas et invités spéciaux qui ont offert leur temps, leur amour et leur connaissance en soutien de la mission de Swami Sivananda en Europe. Ce respect sincère et mutuel et cette compréhension sont devenus une source d'inspiration constante pour les swamis, les membres du staff et les élèves en Europe.

Dans les années 1980 et jusqu'au début des années 1990, plusieurs gurubhais d'outremer ont donné un soutien inestimable pour le travail de Swami Durgananda dans l'accomplissement de la mission de Swamiji en Europe.

ÉLARGIR LA MISSION

Deux endroits que Swamiji visitait régulièrement pour participer à des retraites de yoga avec ses élèves en Europe sont les Alpes du Tyrol en Autriche et la Vallée de la Loire en France.

Après avoir loué pendant des années des maisons de retraite de façon saisonnière au Tyrol, Swami Durgananda créa la Sivananda Retreat House à Reith bei Kitzbühel, pour avoir un lieu permanent, en octobre 1998. La beauté du paysage et l'atmosphère à la fois simple et moderne attirent des élèves non seulement de Munich, Vienne, Zurig et du nord de l'Italie, mais aussi d'autres parties d'Europe, d'Israël et de l'Amérique du Nord.

De toutes les juridictions, c'est en France que la mission de Swamiji a reçu l'accueil le plus chaleureux. La demande pour la reconnaissance en tant que congrégation monastique fut déposée quand Swamiji était encore en vie. L'organisation était représentée par l'éminent juriste et avocat Maître Jacques Manseau. L'instruction du dossier a pris dix ans, au cours desquels une délégation du gouvernement français a été envoyée visiter les Centres Sivananda en Inde, jusqu'à ce que le Centre Sivananda de Yoga *Vedanta* soit reconnu par le gouvernement français comme « Congrégation Monastique Hindouiste ».

Cette reconnaissance a ouvert les portes à l'acquisition du premier *ashram* Sivananda en Europe, à Neuville-aux-Bois près d'Orléans, en France, en 2001. L'*ashram* a été inauguré officiellement en août 2003.

Tout comme les plantes créent leurs propres ramifications, les Centres ont continué leur processus d'expansion. Presque tous les ans, un étage supplémentaire ou un appartement vient élargir l'un des Centres. À chaque fois que cette croissance « en champignon » a atteint ses limites, Swami Durgananda n'a pas hésité à s'embarquer dans un déménagement. Les Centres de Vienne, Paris et Madrid ont été relocalisés dans des immeubles récents avec des salles spacieuses et beaucoup d'air et de lumière naturelle.

Dans l'esprit de l'unité dans la diversité, Swami Durgananda donne des conseils et de l'inspiration personnalisés à ceux qui sont prêts à diffuser la mission de Swamiji dans un environnement différent et en s'appuyant sur des talents différents. Le Centre Sivananda Affilié de Hambourg a développé par exemple une nouvelle rencontre entre le yoga classique et l'art contemporain.

Au cours des dix dernières années les activités en Europe de l'Est, notamment en Lituanie et en Pologne, ont pris de l'ampleur. Le Centre Sivananda de Vilnius a été fondé en 2009, et des Yoga Teachers' Training Course sont organisés depuis plusieurs années en Europe de l'Est.

TRANSFORMER LES CŒURS

Au-delà de tous les accomplissements qui peuvent être mesurés par des paramètres objectifs, ce sont l'amour et la sagesse de Swamiji qui imprègnent le travail quotidien de Swami Durgananda avec les swamis, les membres du staff, les enseignants et les élèves proches dans tous les Centres. Sa propre foi dans le pouvoir transformateur du yoga permet à Swami Durgananda de former des aspirants sincères, selon des formes diverses et novatrices, pour qu'ils deviennent des êtres humains forts et pleins d'amour, capables de partager leur inspiration avec les autres.

ASHRAMS ET CENTRES SIVANANDA DE YOGA VEDANTA

www.sivananda.org www.sivananda.eu

ASHRAMS

Sivananda Ashram Yoga Camp
673, 8th Avenue, Val-Morin
Québec JOT 2RO, CANADA
Tél. +1 819 322 3226
Fax +1 819 322 5876
E-mail: hq@sivananda.org
www.sivananda.org/camp

Sivananda Yoga Retreat House
Bichlach 40
6370 Reith bei Kitzbühel, AUTRICHE
Tél. +43 5356 67 404
Fax +43 5356 67 4044
E-mail: tyrol@sivananda.net
www.sivananda.org/tyrol

Ashram de Yoga Sivananda
26 Impasse du Bignon
45170 Neuville-aux-bois, FRANCE
Tél. +33 2 38 91 88 82
Fax +33 2 38 91 18 09
E-mail: orleans@sivananda.net
www.sivananda.org/orleans

Sivananda Ashram Yoga Retreat
P.O. Box N7550, Paradise Island
Nassau, BAHAMAS
Tél. +1 416 479 0199
Fax +1 242 36 33 783
E-mail: nassau@sivananda.org
www.sivanandabahamas.org

Sivananda Ashram Yoga Ranch
P.O. Box 195, Budd Road
Woodbourne, NY 12788, USA
Tél. +1 845 43 66 492
Fax +1 845 43 41 032
E-mail: yogaranch@sivananda.org
www.sivanandayogaranch.org

Sivananda Ashram Yoga Farm
14651 Ballantree Lane
Grass Valley, CA 95949, USA
Tél. +1 530 27 29 322
Fax +1 530 47 76 054
E-mail: yogafarm@sivananda.org
www.sivanandayogafarm.org

Sivananda Yoga Vedanta
Dhanwantari Ashram
P.O.Neyyar Dam, Thiruvanthapuram Dt. 695
572, Kerala, INDE DU SUD
Tél. +91 471 227-3093 / -2703
Fax +91 471 227-2093
E-mail: yogaindia@sivananda.org
www.sivananda.org/neyyardam

Sivananda Kutir
P.O. Netala, Uttara Kashi Dt
(near Siror Bridge); Uttaranchal 249 193
Himalayas, INDE DU NORD
Tél. +91 1374 22 41 59 / +91 9411 33 04 95
E-mail: himalayas@sivananda.org
www.sivananda.org/netala

Sivananda Yoga Vedanta
Meenakshi Ashram
New Natham Road, Saramthangi Village
Vellyamapathi P.O., Madurai district 625
503 Tamil Nadu, INDIE
Tél. +91 986 565 5336
E-mail: madurai@sivananda.org
www.sivananda.org/madurai

Sivananda Yoga Vietnam Resort
and Training Center
K'Lan Eco Resort Tuyen Lam Lake
Dalat, VIETNAM
Tél. +84 636501100
E-mail: vietnamyogaresort@sivananda.org
www.sivanandayogavietnam.org

CENTRES

ALLEMAGNE
Sivananda Yoga Vedanta Zentrum
Steinheilstr. 1, 80333 Munich
Tél. +49 89 70 09 66 90
Fax +49 89 70 09 66 969
E-mail: munich@sivananda.net
www.sivananda.org/munich

Sivananda Yoga Vedanta Zentrum
Schmiljanstr. 24, 12161 Berlin
Tél. +49 30 85 99 97 98
Fax +49 30 85 99 97 97
E-mail: berlin@sivananda.net
www.sivananda.org/berlin

ARGENTINE
Centro Internaciónal de Yoga
Sivananda
Sànchez de Bustamante 2372
Capital Federal 1425 Buenos Aires
Tél. +54 1 48 04 78 13
E-mail : buenosaires@sivananda.org
www.sivananda.org/buenosaires

Centro Internaciónal de Yoga
Sivananda
Rioja 425, 8300 Neuquén
Tél. 54 299 4425565
E-mail : neuquen@sivananda.org
www.sivananda.org/neuquen

AUTRICHE
Sivananda Yoga Vedanta Zentrum
Prinz Eugen-Str. 18, 1040 Vienne
Tél. +43 1 58 63 453
E-mail : vienna@sivananda.net

BRÉSIL
Centro Sivananda de Yoga Vedanta
Rua Santo Antonio, 374
Porto Alegre 90220-010 RS
Tél. +55 51 30 24 77 17
E-mail : portoalegre@sivananda.org
www.sivananda.org/portoalegre

Centrou International Sivananda
de Yoga e Vedanta
Rua Girassol 1088, Vila Madalena,
Sao Paulo - CEP 05433-002
Tél. +551130328925 / Cel: (11) 96410-0857
E-mail : saopaulo@sivananda.org
www.sivananda.org/saopaulo

CANADA

Sivananda Yoga Vedanta Center
5178 St Lawrence Blvd
Montreal, Québec H2T 1R8
Tél. +1 514 27 93 545
E-mail : montreal@sivananda.org
www.sivananda.org/montreal

Sivananda Yoga Vedanta Center
77 Harbord Street
Toronto, Ontario M5S 1G4
Tél. +1 416 96 69 642
Fax +1 416 96 60 996
E-mail: toronto@sivananda.org
www.sivananda.org/toronto

CHINE

Sivananda Yoga Vedanta Center
Zhonghuayuan Xiuyuan Room2B, Unit 3,
Bldg#30, 5 Tongzilin East Road
Wuhou District, Chengdu, Sichuan 610041
Tél. +86 028-86257086
or +86 189-8064-2709
E-mail : china@sivananda.org
www.sivanandayogachina.org

ESPAGNE

Centro de Yoga Sivananda Vedanta
Calle Eraso 4, 28028 Madrid
Tél. +34 91 36 15 150
E-mail: madrid@sivananda.net
www.sivananda.org/madrid

Centro de Yoga Sivananda Vedanta
(centre affilié)
Calle Ángel, 13, 18002 Granada
Tél. +34 660 28 85 71
E-mail: sivanandagranada@gmail.com
www.sivanandagranada.es

FRANCE

Centre Sivananda de Yoga Vedanta
140 rue du Faubourg Saint-Martin
75010 Paris
Tél. +33 1 40 26 77 49
E-mail: paris@sivananda.net
www.sivananda.org/paris

INDE

Sivananda Yoga Vedanta
Nataraja Centre
A-41, Kailash Colony, New Delhi 110 048
Tél. +91 11 29 24 08 69/ +91 11 29 23 09 62
E-mail: delhi@sivananda.org
www.sivananda.org/delhi

Sivananda Yoga Vedanta
Dwarka Centre
PSP Pocket, Sector 6 (near DAV school)
Swami Sivananda Marg, Dwarka,
New Delhi 11 0075
Tél. +91 11 64 56 85 26
E-mail: dwarka@sivananda.org
www.sivananda.org/dwarka

Sivananda Yoga Vedanta
Nataraj Centre
C-46, Sector 50, near Neo hospital,
Noida 201301
Tél. +91 96 54 47 20 73
Cel +91 120 4340769
E-mail: noida@sivananda.org
www.sivananda.org/noida

Sivananda Yoga Vedanta Centre
444, K.K. Nagar, East 9th Street
625 020 Madurai, Tamil Nadu
Tél. +91 452 252 1170 or 452 439 34 45
E-mail: maduraicentre@sivananda.org
www.sivananda.org/maduraicentre

Sivananda Yoga Vedanta Centre
T.C. 37/1927 (5), Airport Road, Fort. P.O.
695 023 Thiruvananthapuram, Kerala
Tél. +91 47 12 45 09 42 or 246 53 68
Cel +91 09 49 70 08 432
E-mail: trivandrum@sivananda.org
www.sivananda.org/trivandrum

Sivananda Yoga Vedanta Centre
3/655 Kaveri Nagar
Kuppam Road, Kottivakkam
600 041 Chennai, Tamil Nadu
Tél. +91 44 24 51 16 26 / +91 44 24 51 25 46
E-mail: chennai@sivananda.org
www.sivananda.org/chennai

ISRAËL
Sivananda Yoga Vedanta Centre
6 Lateris St., Tel Aviv 64166
Tél. +972 3 69 16 793
E-mail: telaviv@sivananda.org
www.sivananda.co.il

ITALIE
Centro Yoga Vedanta Sivananda
Via Oreste Tommasini, 7
00162 Rome
Tél. +39 06 45 49 65 29
Cel: +39 34 74 26 13 45
E-mail: rome@sivananda.org
www.sivananda-yoga-roma.it

Sivananda Yoga Firenze
(centre affilié)
Via de' Marsili 1, 50125, Florence
Tél. +39 328 966 0501
E-mail: info@yogaincentro.it
www.yogaincentro.it

JAPON
Sivananda Yoga Centre
4-15-3 Koenji-Kita, Suginami-ku,
Tokyo, 1660002
Tél. +81 3 5356 7791
E-mail: tokyo@sivananda.org
www.sivananda.jp

LITUANIE
Šivananda jogos vedantos centras
Vilniuje
M. K. Ciurlionio gatve 66, 03114 Vilnius
Tél. +370 648 72 864
E-mail: vilnius@sivananda.net
www.sivananda.org/vilnius

POLOGNE
Szkoła Jogi «Odrobina Dobrej Woli»
(centre affilié)
Ul. Zarudawie 11, 30-144 Kraków
Tél. +48 50 98 38 586
E-mail: omkar@yogopedia.org
www.yoga.sivananda.org.pl

PORTUGAL
Centro de Yoga Sivananda Vedanta
(centre affilié)
Av. Almirante Reis, 234 A
1000 - 056 Lisboa
Tél. + 351 935 46 04 65
E-mail: info@sivananda.pt
www.sivananda.pt

ROYAUME-UNI
Sivananda Yoga Vedanta Centre
51 Felsham Road, Putney, Londres SW15 1AZ
Tél. +44 208 78 00 160
E-mail: london@sivananda.net
www.sivananda.co.uk

RUSSIE
Yamuna Studio (centre affilié)
12 Parkovaya, 14 A, 105484 Moscou
Tél. +7 495 505 04 21
E-mail: yoga@yamunastudio.ru
yamunastudio.ru Switzerland

SUISSE
Centre Sivananda de Yoga Vedanta
1 Rue des Minoteries
1205 Genève
Tél. +41 22 32 80 328
Fax +41 22 32 80 359
E-mail: geneva@sivananda.net
www.sivananda.org/geneva

URUGUAY
Asociacion de Yoga Sivananda
Acevedo Diaz 1523
Montevideo 11200
Tél. +598 2 40 10 929
E-mail: montevideo@sivananda.org
www.sivananda.org/montevideo

USA
Sivananda Yoga Vedanta Center
1246 West Bryn Mawr Avenue
Chicago, IL 60660
Tél. +1 773 878 7771
Fax +1 773 878 7527
E-mail: chicago@sivananda.org
www.sivanandachicago.org

Sivananda Yoga Vedanta Center
243 W 24th Street, New York, NY 10011
Tél. +1 212 25 54 560
Fax +1 212 72 77 392
E-mail: newyork@sivananda.org
www.sivananda.org/ny

Sivananda Yoga Vedanta Center
1185 Vicente Street
San Francisco, CA 94116
Tél. +1 415 681 2731
Fax +1 415 681 5162
E-mail: sanfrancisco@sivananda.org
www.sivanandasf.org

Sivananda Yoga Vedanta Center
13325 Beach Ave, Marina del Rey
Los Angeles, CA 90292
Tél. +1 310 82 29 642
E-mail: losangeles@sivananda.org
www.sivanandala.org

VIETNAM
Sivananda Yoga Vedanta Center
25 Tran Quy Khoach, District 1
Ho Chi Minh City
Tél. +84 8 6680 5427 / +84 8 6680 5428
E-mail: HoChiMinh@sivananda.org
www.sivanandayogavietnam.org

www.ingramcontent.com/pod-product-compliance
Lightning Source LLC
Chambersburg PA
CBHW031340040426
42443CB00006B/419